借鏡德國

毛小孩的神祕力量

神祕力量

劉威良／著　米奇鰻／繪

從歐美動物輔助治療
看台灣動物福利

人與動物之間的新科學

鄭烱明

醫生詩人、文學台灣基金會董事長

　　很高興由於某種因緣，能夠在出版前先拜讀這本有意義的好書。旅居德國多年，本身具有精神科護理師背景的劉威良女士，以她深入的觀察、體驗與資料的蒐集，所完成的這部作品，不僅提供了人與動物之間醫學上新的知識，也糾正了我們在日常生活中對待動物的一些錯誤的觀察。

　　「一個國家的強大與道德程度，端看它對待動物的態度。」（書中引甘地語）

　　「動物輔助療法、動物輔助教育及動物輔助活動」是一門新的科學，如果您喜歡動物，您一定要讀它，如果你不喜歡動物，你更要讀它。

互為主體才能互相支持

陳玉敏

台灣動物社會研究會主任

　　西方動物輔助治療發展已非常專業與成熟，台灣近幾年亦有團體投入推廣。但作者於書中提到：「不論是貓、狗、鳥、雞、豬，甚至哪怕是一隻蜘蛛、一隻烏龜、一條魚，都有可能成為有治療支持性的『動物醫生』。」我想，這已遠遠超過台灣民眾普遍認知的「狗醫生」、海豚治療或馬術治療等等。

　　「你對動物沒好感，動物對你就不會有正面影響，更別談後續的支持療法了。」作者這句話對照我某次參與台灣推廣動物輔助治療研討會的經驗，換我的說法則是：「你不在乎動物的福利（主體），動物對你就不會有正面影響，更別談後續的支持療法了。」當時我對於研討會上只談「訓練」與展示「片面的成果」，卻完全沒有「輔助動物福利」的討論議題感到十分驚訝。經向主辦方反應，也未受到重視。對照本書的實際案例來印證，可說非常耐人尋味。

作者的父親生病，家人想找護理之家。於是拜訪具有先進理念，又有狗醫生探訪活動的北護附設護理之家。當詢問是否可以自己帶狗來探望病患時，卻被拒絕了！理由是來探訪的狗必須經過訓練。然而作者認為，這與動物輔助治療理論並不相符。

關鍵在於，動物能夠具有輔助治療作用，前提是人與動物具有「個人性」的認識和互動。儘管受過訓練的狗，具有促進這種互動的能力，但人與動物其實都各有「個性」。一個人喜歡家裡的狗，並不一定喜歡其他的狗。而最能發揮支持醫療作用的狗，應該就是那隻平常就跟他有良好認識和互動的狗了。

當然，狗要從寵物或同伴變成「醫生」，還有許多條件要配合。譬如生物安全的維護，對其他同室病患的影響……等等。但我認為，那些問題都可以透過技術和管理來解決，但作者要強調的是：動物輔助治療的核心在於「人要接納動物，動物的正能量才能傳給人」。不是單純把動物輔助治療當作一種「醫療技術」，把「狗醫生」當成工具！

也就是：動物輔助治療或動物輔助教育（Animal Assistant Pedagogy, AAP），要能在這個社會發揮顯著的功能，需要社會整體對「動物」有好感才行！

然而，對動物有好感並不表示一定要喜歡動物。所謂好感，以狗為例，我想比較接近的應該是國際同伴動物管理聯盟

（ICAM）於2015年所出版的《監督與評估狗口管理指南》所強調的「大眾觀感」。雖然這種觀感因地、因人而異。不過有些指標可以廣泛適用，例如：所有的人狗互動中，狗放鬆反應的比例。這表示，並非每個人都要喜歡狗，但一個在乎動物福利，普遍對動物尊重、具有好感的社會，至少不會讓狗一看到人就很緊張無法放鬆！

作者提倡動物權，但她是基於動物福利的前提而倡議動物權。她推廣動物輔助治療，並非片面把動物當作工具使用，而是主張必須相互尊重，維護人與非人動物的福利。期待她的書能給台灣投入動物輔助治療或動物輔助教育者另一個視野，並有助於解決台灣現行「流浪動物有表面的生存權，卻無基本生命福利」的窘境！

了解台灣動物社會研究會 http://www.east.org.tw

創造一個人與動物正向支持關係的環境

林憶珊

台灣動物平權促進會理事長

自大學時期，我就跟威良認識了，她不但很關心台灣的動物保護運動發展還付諸行動，早期就不斷投書媒體，也是送流浪狗去德國運動的德國代表人物。對她的印象一直是她很激昂理性的吶喊，但一直不知她的身分，原來她就是動物輔助活動研究員，那需要有一顆柔軟的心才能與動物連結，此後我一直期待她能分享這方面，如今終於出書了。

因為我一開始接觸動物行為課程是來自吐蕊阿嬤在台灣教授的課程，所以對於書中以各種實例提到的論點並不陌生。動物輔助必須透過學習而了解，不同動物個體有不同的特質，我們必須傾聽動物的表達。動物是有意識的主體，尊重牠們的選擇權。人類與動物彼此是合作關係，且在輔助過程中動物也是享受著服務，人們也因而受益。

所以，當我看到有人會很得意的提到狗狗會握手／會站立，會遵從人們要求而表演各種把戲聽懂指令時，都會想是

否那是動物需要的嗎？是否會造成壓力反而出現更多行為問題……等等，更希望主人們去檢視內心的那一股想要控制征服動物的欲望。

以動平會推動的人與動物安全互動宣導計劃為例，我們想要改變的是人們對動物的態度，而不是改變動物本身，例如我們看動物會咬會追人，覺得牠們很髒就想要移除，捉去收容所眼不見為淨。因此，我們以活動及宣導增進人們對狗兒肢體語言的認識，改變人們對浪浪行為認知的誤解，這是動物平權的具體實踐——從每個人開啟友善空間的那一刻起，浪犬們才能安心地生活著，重新成為人類最好的朋友。

在看這本書的過程中，同時一直想起動平會祕書長萬宸禎所推動的，很多就是以人與動物的支持關係為基礎，做了許多動物平權教育方案——兒童與同伴動物家人支持計劃、講故事給狗狗聽、孩童閱讀計畫等等，以兒童與同伴動物為中心，引導兒童透過遊戲學習，在這當中我們也看到很多孩子的正向改變，這就是動物帶來的神奇力量。期待這本書可以為台灣正在發展的人與動物關係各面向，帶來不同的視野與改變。

台灣動物平權促進會——動物平權教育http://taeanimal.org.tw/animal-rights-education-level.html

自序

　　在台灣漸漸盛行動物治療的今天，《借鏡德國：毛小孩的神祕力量——從歐美動物輔助治療看台灣動物福利》這本書，希望與台灣各界分享，我過去做研究的心得，也希望在台灣，人與動物的關係，透過此書的介紹，可以更正面的被看待。

　　在台灣有些動物，其實是一直有被尊重的理念價值在。例如，台灣很多人，不吃牛肉的傳統。因為牛在過去的農業社會中，是耕田的動物，幫助農家生產，農家出生的子弟不捨得吃牛，就是台灣人對動物的感情。而動物輔助治療，就是基於這樣的人與動物的感情聯繫，而發生的影響。

　　「動物治療」即Animal Assisted Therapy，準確地說，是動物輔助治療，也就是以動物作為輔導治療工具的一種另類療法，就像音樂治療、舞蹈治療一樣。動物輔助治療，不是特效藥，它講求的是，過去自己與動物相處的經驗，也就是人與動物的關係連結，人對動物的感情越深摯，動物給人的回饋與影響也就越多。這是最基本要滿足的前提條件。

　　每個人性格不同，有些人出生就怕動物，有些人對動物的情感特別敏感與濃厚。在台灣社會，因為動物在社會中常被人

塑造成骯髒污穢的形象，許多人談到或看到流浪動物，就會對動物產生厭惡的感覺，對在街頭的飼養者更是嚴厲斥責。

　　在動物的世界中，沒有高低尊卑，人自己也是生物界的動物，只是因為文明化而疏離動物。但是動物與人其實是有自然的連結關係。不論是貓、狗、鳥、雞、豬，甚至哪怕是一隻蜘蛛、一隻烏龜、一條魚，都有可能成為有治療支持性的「動物醫生」。一個人對於動物沒有好感，動物對人的正面影響就不會產生，也就不會有後續的支持療法產生的效果。

　　希望這本書，帶給大家對動物更多的關注，讓人更了解人與動物其實是大自然的兄弟姊妹。你愛牠們，牠們也會愛你。

　　在此也感謝所有協助我完成此書的家人朋友，
　　也以此書獻給在世界上各個角落，無私地救助動物的人。

Foreword

杜納博士 Dr. Turner

A few years ago, Uie-Liang Liou successfully completed a two-year continuing education course on animal assisted therapy, animal assisted pedagogy and animal assisted activities at my institute I.E.A.P. in Switzerland.

I.E.A.P. （in German, I.E.T.）was at the time eduQua-certified for continuing education and is to date accredited by the International Society for Animal Assisted Therapy（www.aat-isaat.org）with its highest standards to teach about animal assisted interventions.

From 1995 to 2010 I was president of the International Association of Human-Animal Interaction Organizations, IAHAIO（see www.iahaio.org）which has grown tremendously since then to include some 95 member organizations representing over 100,000 persons involved in human-animal interaction in one way or another. IAHAIO's declarations and policy documents are respected the world over and include the Prague Guidelines on Animal Assisted Activities and Therapy（1998）, the Rio

Declaration on Pets in Schools（2001）and most recently, the IAHAIO White Paper 2014 with definitions for animal assisted intervention and guidelines for wellness of the animals involved. The latter document went through some 30 iterations until the international taskforce of experts unanimously agreed to its wording, and then, the IAHAIO general assembly approved it with minor changes by majority vote in Amsterdam 2014.

Within Animal Assisted Intervention（AAI）it is important to realize the difference between animal assisted therapy, animal assisted education and animal assisted activity as defined by the IAHAIO White Paper, and to use the proper terminology:

Animal Assisted Therapy（AAA）is a goal oriented, planned and structured therapeutic intervention directed and/or delivered by health, education and human service professionals. Animal Assisted Education（or Pedagogy）（AAE or AAP）is a goal oriented, planned and structured intervention directed and/or delivered by educational and related service professionals. Animal Assisted Activity（AAA）is a planned and goal oriented informal interaction and visitation conducted by a human-animal team for motivational, educational and recreational purposes. All three forms of animal assisted work provide benefits to the clients/patients involved and deserve our respect.

Just as this book does for Taiwan, the IAHAIO White Paper places great emphasis on the welfare of the animals involved in animal assisted work. I have selected just two of many statements that the White Paper makes here:「AAI should only be performed with the assistance of animals that are in good health, both physically and emotionally and that enjoy this type of activity. ⋯ Handlers and professionals working with animals should have received training and knowledge of the animals' well-being needs, including being able to detect signs of discomfort and stress.」

Animals, especially the domesticated species we keep as companions, mean many different things to people. But to most Westerners and an increasing number of people in Asian countries, they are considered to be true family members. To many children, they are sources of emotional support with which they can share secrets and seek solace and comfort in times of need. They brighten the lives of children, adults and elderly persons and have been scientifically shown to improve our health and well-being. Children, juveniles and even adults who cannot be reached or helped by conventional means have often been motivated to accomplish tasks, such as reading to a companion dog or speaking about ones feelings first with the animal, then with the animal handler or the therapist.

Indeed well selected and prepared animals have been successfully involved the treatment of non-communicative clients in psychotherapy, children and juveniles exhibiting attention-deficit hyperactivity and conduct disorder, Downs-Syndrome children with learning difficulties, Alzheimer patients and persons with neurological or motoric dysfunction. Healthy classroom dogs (usually belonging to the teacher and there on a regular basis) have been shown to reduce the number of aggressive outbreaks and improve impulse control of the pupils as well as the learning atmosphere in classrooms of cities with multicultural, immigrant backgrounds. And dog- handler teams in classroom visitation programs, a very popular animal assisted activity, increase motivation to learn in various school subjects (not just nature, but also in reading, writing, arithmetic etc.) in an entertaining way.

The International Society for Animal Assisted Therapy, ISAAT (www.aat-isaat.org) accredits training programs in animal-assisted intervention for professionals and has very high standards for continuing education, interdisciplinary courses that have to be offered to become a full member of that organization. It has begun to certify programs in Europe training individual handler-dog teams for visitation in social institutions and those teams can then state that they have 「graduated」 from such a training program. It is hoped that in other regions of the world good training programs for such handler-dog teams exist or are in planning for the near future. No matter whether one offers animal assisted therapy, animal assisted education or animal assisted activities, both we and our clients, as well as our animals deserve the best preparation possible. Then the human-animal partnership will be most beneficial to all parties involved.

Although I have not been able to read the text of this book in Chinese, I am sure that Uie-Liang Liou has made every effort to produce a useful book for Taiwanese colleagues interested in this field and who respect the animals they work with. I wish our friends there much enjoyment and success when conducting animal assisted work.

Spring 2017, Horgen, Switzerland

Dr. sc. Dennis C. Turner

Director, I.E.A.P., Switzerland Former president, IAHAIO

Founding secretary, ISAAT

前言中譯

杜納博士 Dr. Turner

ISAAT International Society for Animal Assisted Therapy
國際社會動物輔助治療基金會祕書長
1995-2010年IAHAIO國際人類─動物互動組織協會理事長
瑞士I.E.A.P應用動物行為學與動物心理學研究中心所長

　　幾年前劉威良順利地在我瑞士I.E.A.P應用動物行為學與動物心理學研究中心順利完成兩年的動物輔助治療、動物輔助教育與動物輔助活動進修課程。

　　本研究中心I.E.A.P是當今國際社會動物輔助治療認證中，擁有最高品質的教育課程，目的是教導人如何執行動物輔助性地參與。

　　1995年到2010年我曾為國際人類─動物互動組織協會IAHAIO（International Association of Human-Animal Interaction Organisation）的理事長。協會一直快速茁壯成長，現今擁有九十五個會員組織，發表過數十萬的研究論文。IAHAIO協會宣言與各項政策都是遵從在世界會議的重要精神來做，包括1998年的布拉格動物輔助活動與治療的基本信念，2001年在里

約「學校中寵物」宣言，以及IAHAIO在2014的白皮書中，宣示動物輔助參與的定義及動物福利原則。最近的相關文件文字措辭，更是透過三十多次改良，運用專家施力，最終使用了本協會IAHAIO提供的些微更動的措辭，作為在阿姆斯特丹大會上，得到大多數人同意通過的文件措辭。

在動物輔助性地參與中AAI，Animal Assisted Intervention誠如IAHAIO所示，把動物輔助治療、動物輔助教育及動物輔助活動這三項做不同類別區隔，在實際運用上以及論述中，使用正確的專業術語，是非常重要的。

AAT，Animal Assisted Therapy是動物輔助治療，是在動物參與中，具有目標導向、有計畫性地與有結構地直接參與治療性事務，它是專業性地在健康上、在教育上以及在為人提供服務上等各方面從事相關工作。AAE或AAP，Animal Assisted Education（Padagogy）是動物輔助教育，運用的是動物的參與，代表著有目標導向、有計畫性與結構地直接參與教育以及專業性地在教育及教育相關事務上服務。

AAA，Animal Assisted Activity是有計畫型態的、目標導向，並以非正式的互動與訪視型態，結合人與動物的關係，用以達到具有動機的、具有教育性的及有具有回饋反應型的目的。這三項不同的動物參與型態，提供了病人或當事人個案，在受到動物參與的關係中所產生的好處，這讓我們感佩。

這本書雖在台灣出版，但IAHAIO國際人類—動物互動組織協會的白皮書最為強調的，就是動物參與其中的任何輔助活動，動物福利，要被視為是最重要的原則。我舉其中兩項來談。「AAI動物輔助性地參與，它的執行原則，是動物在輔助的活動中，動物要有身體與情緒的健康，動物享受活動中的樂趣……，動物訓練者與專業者必須受過訓練，他們必須擁有辨識動物是否身心健康狀況良好的能力，並且可以辨知探查出動物處於不舒服與壓力的徵兆。」

　　動物，尤其是那些被我們人類馴養過的動物類種，我們把牠們馴養成同伴動物，對人來說意味著許多不同的意義。但是對大多數西方人來說，也包括越來越多的亞洲人來說，他們視這些同伴動物為家庭中的夥伴。對孩童來說，同伴動物是孩童情緒支持的資源，孩童和動物分享他們的祕密，孩童也在動物身上尋求到慰藉與即時必要的舒適感。不論是孩童、成人與老人時期，在科學上，同伴動物都被證實了，牠們帶給人健康與福祉。我們經常看到孩童、少年甚或是成年人，他們有些無法完成動機型的任務，比如誘導孩童閱讀或是說出心中感覺，若以一般常規方式來協助，經常無法觸及與幫助到他們。他們通常會先找動物說出，其次才是找動物訓練人員或是治療人員。

　　實際上，經選擇良好與準備好的動物，牠們確實成功地讓不具溝通能力的患者，在心理治療上得到斬獲。例如孩童或少

年時期所顯現的注意力不足之過動、品行障礙孩童、具有學習困難的唐氏症孩童。另外阿茲海默症病患、神經方面疾患患者與自主性神經障礙患者，也可以因此而得到改善。健康教室的狗（通常是老師的狗或是基本上常規性地安排訪視的狗）減少了班級裡暴力的爆發，並改善管控了學生間的衝動以及在城市多元文化外裔學生的學習氣氛。另外，訓練狗的訓練者帶狗到學校的訪視活動，非常受到學生的歡迎，因為它增加了學校學生以愉悅的方式學習，更增加了對各項科目的學習的動機（不只是自然方面，也包括閱讀、書寫及算術等科目）。

　　ISAAT國際社會動物輔助治療向專業人士證實了動物輔助式參與的訓練課程，它是具有非常高標準的一種持續進修的教育，並具有跨科學性的特質，可以成為匯集許多組織成員。它已經開始在歐洲各地驗證未來將於社會機構當訪視動物的動物訓練者，並使之有受訓畢業的情境。這也被注以希望，在不久的將來，能在世界各地有高品質標準的認證。不論是動物輔助治療、動物輔助教育或是動物輔助活動，我們和當事人個案以及動物本身都會因為這個驗證而有最好的參與可能。也因此人與動物的夥伴關係，才能各有得到最大好處的雙贏結果。

　　雖然我看不懂這本中文書，但我確信，劉威良非常盡力地完成這本有實用價值的書，用以幫助台灣在這方面努力的同儕朋友們還有尊重動物工作的人。在此，也希望讀本書時，能在

書中得到樂趣並成功地完成動物協助人的任務。

霍爾根
2017春天於瑞士

PART 一

動物輔助治療必須先正確認識、飼養並教養毛小孩

PART

和毛小孩一起成長

目錄
CONTENTS

PART 三 陪伴老人超溫馨

PART 四 幫助偶的人類朋友

PART 五 在社會邊緣把你當中心

目錄
CONTENTS

PART 六 動物保護是國際語言

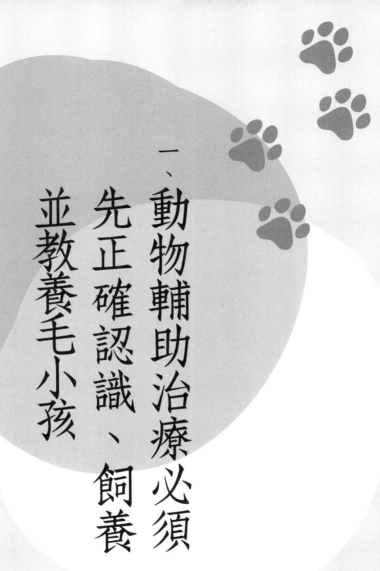

一、動物輔助治療必須
先正確認識、飼養
並教養毛小孩

新新自然療法：動物治療法

　　許多人第一次聽到動物治療法都不懂到底是醫療動物還是醫療人？動物治療法其實就像其他的自然療法如音樂療法一般，是醫學界最新的一種嘗試。在美國已有一段時間，歐洲則是瑞士為動物醫療法的先驅。

　　國內對待動物的方式，通常可分二種，一種是極愛動物的人，自己做爛好人，看到流浪動物心生不忍，養了一隻就無

法看第二隻受苦，結果變成替棄養者收拾爛攤子，自己也無法跳脫自拔，到最後不是憤世嫉俗，就是憂鬱終身。第二類型的人，就是討厭動物的人，對流浪狗有莫名的恨，把流浪狗視為眼中釘，對動物非常有敵意，這可由社會新聞中時常出現的虐傷動物事件中可見一斑。

　　這兩種極愛及極惡極端類型的人，他們對動物都有一種難以解釋的心理情結，出之於大愛使自己身心受煎熬與出之於厭惡而非置之於死地不可的變態行為，都對人的身心有極大負面的影響。不過由此也可以大致看出，動物在我們的社會中其實扮演一定程度的角色，我們人類不知不覺都會受到周遭動物的影響。由此發展出來以動物為治療的方式，就是透過動物與人之間個人性的互動親密關係，造成對人身心的平撫作用，使心臟血管疾患得以紓解的一種醫療嘗試。

　　對精神科疾患的患者，動物治療的療效就更為顯著，尤其對於一些自閉症或憂鬱性疾患的患者，動物醫療有醫藥所難以替代的復健功能。對於社會功能欠缺的精神疾患，動物療法將是二十一世紀醫學界以醫藥為導向的趨勢外，尋求的最新另類療法。

　　目前歐美的臨床研究顯示，人與動物的這種個人與個別性建立的互動模式，與人與人之間的互動關係有某種程度的相似性。如人與人互動發展出的信賴關係，友善感情的表達，愛的

付出，被愛的需要，在人的成長過程中扮演非常重要的角色，進而促成人的自尊心與人格的建立。同時，動物與人的互動模式中，除了發展出有類似人與人互動的關係模式外，另外它也發展出不同於人與人之間互動的模式。

　　至今，人之於人，與人之於動物，它的關係與差異性，正是現今科學界最大的謎底。

　　在人類的發展中，嬰兒期完全未社會化前的狀態，是近似動物原始的本質。在人的社會化過程中的各項元素，嬰幼兒與動物的相似性更甚於成人。他們共同原始的本能與非語言的理解能力，使他們能互相理解溝通。

　　這樣的理解，就是一種溝通的管道，卻是社會化後成人逐漸喪失的。對於現今醫藥無能為力的社會功能欠缺的病患，動物原始本能與人類初始狀態相近，動物醫療成為精神科臨床的另類醫療，將可以想見。

　　科學家更發現，兒童或青少年的成長，若有動物相伴，將促使兒童在合群的關係上，有正面的發展。在兒童個性的養成中，有動物相伴的兒童，性格較開放，人際關係較好，較少有暴力傾向。有同伴動物的青少年對有問題出現時的容忍度較高，較有幸福感。

美國的精神科臨床個案報告中，曾出現自閉性兒童對特定動物（貓與兔子）有親密關係的建立。自閉性疾患的暴力傾向在有個人互動關係的動物身上不曾出現，並且患者主動擔任照顧動物的類母親的角色，負責餵食及清理排泄物。這樣的結果，不得不讓醫學界大吃一驚。

　　在具體的醫療數據中，動物療法可讓血壓降低，穩定三酸甘油脂值，狗的飼主更有減少看家庭醫師的次數，或減輕以往的一些神經性方面的症狀，如較少頭痛、失眠等症狀。

　　在心理層面，有同伴動物者較少有寂寞感；在社會功能方面，有同伴動物者個性較開朗，較為人所接受，促使兒童人格正向的發展，如信賴關係、尊重生命、愛的付出，以及回饋、責任心的培養，都是成長過程中非語言的學習。

　　一個健全的人格建立，除了語言的學習外，非語言的初期關鍵發展，在現代的家庭中常因雙親忙碌而被忽略，如能藉由兒童與動物的良好互動關係，讓兒童的同伴動物取代現今的視聽媒體暴力的污染，將有助於兒童的人格發展。同伴動物對人類人格與醫療的價值，將為現代心理學及醫學界呈現全新的切入點，發展新的紀元。

「無言」的理解

　　研究者一直想要瞭解的問題是：動物與孩童「無言」的理解是怎麼產生的？

　　可以確定的是，動物的眼神、味道、身體姿勢及移動的狀態，這些對孩童尤其是嬰孩來說都是「無言」的溝通。嬰孩還沒有學會說話以前，嬰孩的溝通方式是與動物的型態一樣的。今日我們知道，孩童能辨認個別動物臉相的能力，比成人還要高。他們認為，孩童有能力辨別動物的臉，這點對嬰孩或孩童都是很重要的，因為他們把動物當自然的夥伴，他們覺得動物是在與他們溝通、和他們說話，動物可以理解他們。夥伴的意思，其實是讓我們可以「無言」就幾乎可以理解的對象，孩童與動物其實就有這樣的關係。而接觸的溝通其實更是孩子與動物最自然的一種溝通方式。而成人因為文化關係，也發展了許多身體接觸或儀式溝通方式。嬰孩他們原始的溝通方式與動物一樣，他們的溝通自然比成人要好。

　　英美的研究團隊Sheffield、Minnesota及倫敦大學都指出，研究團隊人員如果不訓練，他們觀察的猴群幾乎臉都長得一樣。

　　另外與大隻的狗或貓相處，牠們安撫情緒的肢體動作，也讓嬰孩及長大後的孩童學會如何運用本能安定情緒。Filiatres的

研究中，家中有狗與貓的孩童擁有比較有結構性地與有效的社交肢體動作。有狗狗陪伴長大的孩子，比較有社交技巧；與貓長大的孩童，比較傾向自立。這兩者基本上都能培養責任感。

動物輔助治療的醫生與輔導員

動物輔助治療的適應症：

一、精神疾病——自閉症、憂鬱症、思覺失調症（過去稱呼為精神分裂Schizophrenia）及兒童的過動症（Hyperactive）和唐氏症等精神疾病是「動物醫生」們擅長的。a.自閉症：改善最大。病患會對小貓、小兔子等特定動物主動發生興趣，減少暴力行為，並擔負照顧動物的責任。b.思覺失調症：「狗狗醫生」的訪視使某些木僵型的精神分裂（Catatonic Schizophrenia）患者回到現實。

二、肢體障礙疾病——因罹患腦性麻痺及肌肉萎縮症而發生肢體障礙（multiple sclerosis）、不能行走的病患，也可以讓「馬醫生」來幫忙復健。科學家發現，患者在馬背上被載運（並非騎馬）時，雙腿騎跨的角度可以支持人跨坐時有如人在行走的姿勢。馬走路的節奏帶動病患髖關節活動，是非常好的復健方式。從1984

年開始，瑞士的保險公司已同意給付上述兩種疾病的「馬療法」復健治療費用。

三、教育方面——「心理醫生也是老師」。a.感化院與監獄:帶受過簡單訓練的狗狗參訪青少年的感化院或成人監獄，或允許監獄養貓，可以令犯罪青少年或受刑人重建愛心及責任感。b.兒童心理障礙:有心理障礙的兒童，可能在社會行為上有恐懼或退縮等問題，而某些深得兒童喜愛的動物卻可成為治療者與兒童建立信任關係的橋梁。對左右方向感在語言表達上，容易混淆的兒童或口吃的兒童，騎馬的節奏律動也可改善這類語言障礙問題。

動物輔助治療的機制:

動物與一般醫生不同的是，動物能帶給人平等和信任感，而在一般的人與人的交流中，卻很難達致這樣的輕鬆。有些身體或精神上的疾病，醫護人員忙著找特效藥，苦心積慮治療，而動物的耐心和對人的平等相待，卻經常是我們人所最欠缺的。

動物除了讓人感到愉悅，也教我們尊重對方。它不矯作，我們的情緒會隨牠的自然而感到歡喜。人與人之間有遠近親疏，大部分的受雇者對老闆不敢放肆，對男女朋友多小心翼翼，對案主不可發脾氣；但與動物在一起，我們可笑可哭，牠

傾聽我們的一切，接受我們的喜怒哀樂，也從來不會沒有時間。

　　一隻貓或一隻狗的相伴，可讓你滿足被珍愛的感覺；手被貓狗舔過，讓我們的神經舒活起來；一個單身漢，在別人的眼光中不過爾爾，但在他的狗的眼中卻是國王。誰不希望被捧在手掌心？你的愛，動物最知道，牠的回報也從不會讓你失望。而患者與動物在此過程中建立的信任感，恰恰對其心理問題會有莫大的助益。它穩健人的安全感，讓遺落的那份對人世的信任，重新在病患的人格中生根，帶他們走出自我封鎖的世界。

　　自家的狗永遠有時間給我們，牠永遠在家等待你。貓的溫柔獨立，也填補人的寂寞。動物不需要人的應酬，牠要的就是一個真實動物本性的人，這也符合了人不需社會化的自然本性。患者與動物在此過程中建立的信任感，對患者有莫大的助益。牠帶給人的安全感，重新在病患的人格中生根，帶他們走出封閉的世界。很重要的是，對於一個不曾喜愛過動物的人或宗教社會，很多人都不喜歡動物，因而產生恐懼甚且厭惡動物，即使是「動物醫生」也將無能為力。

　　另外科學家發現，人的發展，從非語言期進入到語言期，一個健全的人格建立，除了語言的學習外，非語言的初期關鍵發展，在現代的家庭中常因雙親忙碌而被忽略。兒童或青少年的成長，若有動物相伴成長，將促使兒童有正面的發展。在兒

童性格養成上，有動物相伴的兒童性格較開放，人際關係較好，比較不會有暴力傾向。有同伴動物的青少年對問題出現時的容忍度會較高，會較有幸福感。

馴服歐特羅Otello

　　歐特羅（Otello）是鄰居家的大短毛棕犬，離地身高有一米以上，站起來比我還要高。我並不怕狗，但當牠跳起來搭著我時，我都會不自主地被打到後退。牠年紀小的時候，很喜歡跟人玩，要可愛撒嬌時，會碰碰跳跳地將兩隻前腳離地搭在人的肩上，自認為是討人喜愛。如果小狗這樣，我們或者會認為是很可愛，好像小孩子沒什麼。但大狗半年就長成身高體壯，

跳起來讓人感到很具有攻擊性。牠長得也不可愛，深棕色的短毛，瘦長的臉，偶而還會流口水、伸出長長的舌頭舔人。牠所有的動作與稚氣都與一般小狗沒兩樣，但是因為牠實在太高大了，沒有人可以忍耐牠稚氣地跳高耍可愛的樣子，因為牠一跳上來，就給人威脅，有把人撲倒的可能。

牠的女主人跟我很好，是一個中年獨居的婦人。她很喜歡做各式各樣的菜，常找我一起品嚐她做的新菜色。也因為這樣，我常有機會跟這隻不怎麼討我喜歡的狗共處互動。每次去她家，她總是要牠聽話，但是牠總是忍不住地會想要偷吃什麼或是站起來聞我，要我撫摸牠。你不摸牠，牠也會用前腳撥你的手，或用頭倚靠著你，要跟人撒嬌。女主人總是說，摸一下下就好，你不要就跟牠說Nein（德文的不要），然後就不要理牠。

因為牠體型實在太大，牠討好與撒嬌的動作，實在讓人吃不消，即使是牠用前腳很輕微地撥動你的手，要你摸他，但牠這個撥你手的動作也是讓矮小的我感到很粗魯。所以我摸過一次後，總是馬上跟牠說Nein。但是牠還是會需索無度。這時，牠的女主人Sonja會要牠不可以，馬上要牠坐下，停止騷擾客人。

歐特羅一、兩年前都不太聽話，雖然上過課，好像也沒有辦法讓牠完全聽話。Sonja說，她有帶牠去上課，也經常去賣

狗給她的人那兒向他討教教養經驗，而且常常他們會辦定期聚會，讓養同種狗的人互向認識、討論養狗的心得。剛養大型毛孩子的新手媽媽在那兒可以得到很多很實用的情報。

　　好幾年就這樣飛快過去了，狗狗一直都是這麼大，我對歐特羅的懼怕沒有任何減少。不過，幾乎每天我都會看到Sonja經過我家門口遛狗，她也說幾乎每天都會開車帶歐特羅到沒人的荒郊野外，讓牠可以不用被牽繩地跑跑，消耗體力。有一次，女主人還為了歐特羅被別隻小狗欺負，她與另一隻小狗主人起衝突而難過到哭。

　　那一次，小狗沒有牽繩，自己走到牽繩的歐特羅身邊來大聲吠叫、挑釁，一段時間後，歐特羅受不了，一不高興就用嘴含住小狗的頸子，發出低吠聲。這時小狗主人當然激動火大，要Sonja去抓她的狗。Sonja馬上阻擋歐特羅，歐特羅就鬆口了。小狗沒事，得到警告後，就乖了。可是人的糾紛未了，小狗主人大聲怒罵Sonja，說她的狗沒教養，還說會去警察局告她的狗狗危害到他的小狗。但事實上，歐特羅是被牽繩的，也沒有挑釁，被歐特羅咬住的小狗，其實也毫髮無傷，不然小狗早就因傷痛而大叫了，歐特羅只是要警告小狗，不要太囂張。狗狗之間已經沒事，而人卻因為情緒飆漲而亂罵人，弄得兩敗俱傷。

　　Sonja一時生氣，也嗆聲說，她也要去警察局報案，說小狗沒牽繩造成大狗被騷擾。她認為自己如果先去報案，在氣勢

上可能會占上風。說著說著，她眼淚就滾下來了，因為她很難過，為什麼她的狗狗教得乖乖的，卻被別隻小狗惹到給予警告訊號，她就被罵成這樣。其實，狗狗之間早已在彼此的警示動作後得到和平，而人卻要用語言傷害對方，造成彼此之間的不和平。一場為狗狗的大戰，看起來就要到警局上演。過了一天，她說她去警局報備了；那個小狗主人沒有去報案，看來這事應該就到此為止。除了與狗友交換情報外，她也帶歐特羅去狗學校上好幾個月的課。狗老師的教導，讓狗狗學習聽話與紀律。

雖然我很喜歡Sonja做的好菜，但說真的，對那麼大隻的狗狗，我還是敬怕三分。每次去就是很小心翼翼，深怕一個不小心，把牠惹得太興奮，跳起來把我撲倒在地。今年歐特羅已經五歲了。牠看起來還是一樣令人生畏，但是比較不愛跳起來，也比較聽話。

最近女主人Sonja要去養老院上班。她上班要八個小時離家，她很擔心歐特羅這麼長時間獨自在家，會在家大小便，希望我在她離家四個小時左右的時間，到她家去放狗狗出來，讓牠在家中花園解尿。我有點遲疑，不過基於愛狗與守望相助的情誼，我還是答應了。她告訴我，我只要開門讓歐特羅到家中花園，牠解了尿就會乖乖進屋裡去。我有點不太相信，因為半年前去她家，雖然感到牠有點聽話了，但是還是很懷疑，牠會

不想玩，不想多待在花園玩才怪。

　　隔天我受命到她家，進門時，歐特羅超聽話，看到我很高興，但牠沒有跳起來，搖搖尾巴就很乖地出去花園了。走了一圈，馬上到牠知道的固定角落去解尿，解完尿，毫不遲疑地先我一步進門。這簡直是奇蹟，我有點不相信。為了釋疑，我還特別故意地發出命令，要牠坐下。歐特羅果真二話不說地坐下，我有點不相信自己的眼睛，我就再要牠躺平。這個挑戰狗狗意志的高難度任務，牠真的也毫不遲疑地做到了，我有點受寵若驚。為了鼓勵、肯定牠，我還特別摸摸牠、稱讚牠。等我裝好水給牠時，牠喝過水，就自動走到另一個隔間的客廳，不太想理我。我看牠興趣缺缺，就也悻悻然地走了。我想，是歐特羅真的長大了，還是牠吃錯藥了，這麼乖！

　　大狗會帶來問題，但付出愛心、管教得好，到最後還是可以成為一隻令人尊敬的模範好狗，這是跌破我眼鏡的真實案例，確實令人驚豔。

從對待動物的態度看見台灣

修法不代表動物福利的提升

　　2017年4月12日動保法修正通過，虐殺動物可能坐牢兩年以下，罰金可達兩百萬元；宰殺貓犬或吃食貓犬肉，將被罰五到廿五萬元。這個消息連德國《畫報》都刊登了，在國際上，台灣動保福利看似大為提升。

　　但這樣的立法，或許該感動動保的立法罰責加碼，但對於

長期的錯誤飼養方式所造成的動物虐待，以及普遍沒有虐待認知的台灣飼主及長期投入動物保護工作的動保員來說，在動物福利的實務上並未有太大的提升。

看不到也不反省錯誤的飼養方式，是動物福利長期無法真正提升的原因。台灣社會老談生命教育，但對動物的生活習性，沒有充分了解而產生的虐待，完全缺乏認知，自然就無法執行虐待動物的公權力。法律中再高的罰則，仍只是紙上談兵，同伴動物仍被飼主在飼養中虐待，而無人聞問。

虐待，其實不應只限於顯而易見的外傷，長期被錯誤飼養，造成動物的暴躁攻擊，屬於長期也是常態性地虐待，政府動保員卻感知不到，而坐視不處理。

台灣狗的日常虐待——被用短繩綁與被關於鐵籠

自2000年以來，在海外的我就常接到台灣南部高雄動保義工的投訴。她說，她投訴市府動保員，檢舉飼主虐待，卻得不到市府正面回應。她個人因檢舉飼主的飼養不當，反而遭飼主暴力威脅壓迫，而受檢舉單位即使出面會勘，也不執行公權力；原因是：對於虐待的認知不同。公權力執行者，不挺動物福利，反而覺得義工太大驚小怪，沒事找事。

在台灣，很多人覺得狗就是畜生，牠們的功能就是看家。而另一部分把狗當寵物的人，對狗大多過於溺愛，毫無家教。

再看店面中的狗，很多常常被用短繩綁在店鋪後哭鳴哀叫；鄉間有的狗被綁在田野或住家前，在沒有遮蓋的田中被期待守護田地或家園，牠的功能是守護果園、穀物或防範宵小。在鄉間田野，有飼主乾脆置狗於鐵籠中，頂多上面放個板子，遮個日正當中的太陽，放點食物和水，就算是對得起狗了。狗在台灣要忍受長久的太陽西曬，風雨交加無處躲，飲用水髒污，飼料發黴，更是常有的事。狗，在很多人心中仍是畜生，用來比賽，用來守衛嚇小偷，但絕非同伴。

德國嚴格禁止狗關狗籠，用短繩綁狗飼養

這些在台灣生活中的對狗的日常，在德國卻是完全禁止的。任何動物在德國的生活，基本上要把牠的生活習性考慮進去，才是合於德國基本法。在德國要成為夠格的飼主，了解動物習性是首要條件。

我們有民主，要建國，但對同伴動物該有的文明道德的舉止，還有一段要改善的距離。印度聖哲甘地說：「一個國家的強大及道德程度，端看它對待動物的態度。」我們光有法律罰則仍不夠，如果對虐待的事實毫無所知，那動物永遠不能為動保法所保護。

台灣雖有罰則，看不到虐待

今天在國際新聞上，我們因為加重罰則，躍升為被國際上認證為是重視動物福利的國家。但任何有一些微飼養狗知識的外國人，看到台灣人把狗養在籠中，或用短鍊鍊狗，都會大搖其頭，對於台灣加重罰責，卻看不到虐待，感到至為不解。不是有罰則了嗎？怎看不到虐待？

同伴動物是同伴，大多數台灣人卻普遍對同伴動物沒有感同身受。一般飼主認為同伴動物有水喝、有得吃就好，毛小孩過得是否符合牠的福利，恐怕因為對動物習性的無知，而讓嚴重的精神虐待被漠視。

有些市府動保員接獲投訴，親自探訪後，因沒有足夠的動保概念，不認為是傷害動物，或認為不願滋擾事端，常會責怪愛護動物的舉報者。義務動保員為動物福利奔走發聲，卻變成是飼主與市府動保員的Trouble Maker（麻煩製造者）。

養狗、養貓其實並不是只有飼養關係，同伴動物之於人的法律位階，也伴隨著飼主在同伴關係中的飼養義務以及給予符合牠們生活習性的飼養環境。這點在實務的公權力的執行，幾乎被漠視。沒有給予動物符合生活習性的生活，即使在人的眼中再好，也是不符合動物生活的身心虐待，而飼主及執行公權力的市府動保員卻完全不自知。

德國狗不允許關籠

狗在德國是不允許關於鐵籠中的。這個常識，即使是小孩也都知道。可是在台灣，大家為了方便，都不認為關籠是虐待。

狗的腳掌是肉掌，當狗站立在籠中的鐵絲或鐵條中，對具肉掌的狗來說，會增加腳趾承受壓力，站久會疼痛。另外關於籠中，沒有足夠的活動空間，對狗更是精神虐待，會使其有咬人的暴力傾向，或整天咆哮不止。這樣不正常的狗，就是長期被虐待的結果，狗的性格自然有暴力咬人傾向，狗主人要負最大責任。

狗在台灣只是法律上的同伴

很多台灣小孩會被成人教育要遠離狗，因為狗會咬人。狗的確會咬人，但我們卻透過飼主加工，讓被關的狗無法有正常的走動空間，長期處於禁閉空間，更加強兇暴性格。任何一個人被長期禁閉都會痛苦，更何況一隻需要跑跳空間的狗。

在台灣很多狗被飼主豢養得非常兇暴，這也難怪孩童會怕狗，因為狗在台灣，除了髒的代表，也是危險的具體象徵。

台灣關狗和關鳥一樣常見。一般我們常看到為了方便飼養，或兼顧守衛功能，將狗關在籠中，於鄉間還將籠子置於戶外，受烈日所曬，為強風大雨所淋，大多數台灣人卻覺得沒問

題，而關心狗狗身心健康者，卻成了世人的討厭鬼。

可是，我們捫心自問，非這樣養不可嗎？我們可稱牠是我同伴嗎？我們會這樣對待忠心的朋友嗎？我們可以這樣回饋牠們的忠心嗎？這就是台灣人對狗的愛嗎？

另外，狗也是群居動物，讓牠離群索居，就是最大的精神虐待，更不用說剝奪牠走動奔跑的權利。我們人關牠的原因，就只是人把牠當警衛，而不當牠為需要同伴的狗；人想利用牠，卻忘了牠基本的需要。

在德國養狗像教養小孩一樣花心血

在德國要養狗，沒有規定要有庭院，但教養最重要。飼主絕對要有時間教育他的狗。狗小時候的大小便習慣，都是四個月以內就要教會。幾乎所有的德國人養狗，都是讓狗住在飼主的屋裡，如同家中夥伴。即使是出門度假，即使是搭飛機，許多人也會帶狗同行。狗在德國不只是法律上的同伴，同時是實務上的同伴中的毛小孩關係。

因為人與狗同住，所以教會一隻狗社會化，聽得懂人的命令，是飼主必須盡到的責任。台灣是「天下沒有不是的父母」，而在德國絕對是「天下沒有不是的狗」。

狗的行為好壞，完全取決於飼主。飼養四月內的幼犬，盡責的狗主人，會每三小時讓狗出去散步，讓狗習慣在室外上廁

所，即使是半夜也要出去。當他們關鍵期學會在外上廁所，以後就不用擔心牠在家大小便。

德國狗一定要教會聽命令，他們相信狗的行為是由主人全權負責。另外，如果狗整天沒人在家陪，對狗也是殘忍的精神虐待；在室外的狗舍，如果天氣太冷，沒有讓狗進去到有室內暖氣的地方，也被視為虐待。

德國寵物店不賣貓狗　天下沒有不是的貓狗

貓、狗不會在德國的寵物店被賣，因為牠們是同伴，是毛小孩。在店裡叫賣小孩，是道德上不允許的。

一般不懂駕馭狗的狗主人，有狗學校可以上，狗學校是教主人如何讓狗聽從主人，所以，德國狗學校要求主人一定要一起上課。把狗教會聽從主人的話，是教育的重點，而非如同日本或台灣，單把狗送去學校，狗主人付錢繳費就好。這點很像台灣家長，小孩送學校上課，卻不認為自己身負小孩最大的教養責任一樣。

德國人重視教育的責任，他們教小孩也是會邀請父母一起討論上課內容。學校不是全部要擔負教育小孩的唯一權責機構，也不容家長卸責。

如果狗有行為問題，如號叫太大聲，絕對是飼主問題。把狗聲帶割掉，是絕對的虐待，但在台灣卻可被容忍，這情況，

如何堪稱動物有福利？

貓的飼養

　　在德國貓的飼養不關籠，多有貓沙。很多人家中，屋裡對戶外的門，在地板處會有個活動小門，通常是橡膠做的，這是為了讓貓可以自由進出。在一樓有陽台的人家，還會看到有木頭做得貓樓梯，供貓行走。

　　德國人聽到美國人因為在家中養貓，擔心把沙發或傢俱弄壞，而把貓爪去除（而非剪貓指甲），感到非常殘忍。在台灣應該不會有人反對去貓爪，這是對虐待無知的寫照，可以說文化不同，也可以說文明的高低差異。

虐待是無形的

　　我們號稱同伴的人類，大多期待飼養動物的好處，很多人感受不到自己有責任，讓動物們也快樂地與我們人一起生活。

　　人類文明的進步，物質享受比如開名牌車或拿名牌包包，絕不是作為文明社會判斷的準則。如何反省改善，讓動物擁有符合牠們生活習性的環境，其實才是真正的文明社會。而同伴動物如何在被定位為同伴的法律位階上，在符合同伴動物的生活習性下與人共處，更是評斷文明社會的關鍵。

狗狗肚子裡的鬧鐘

　　每天晚上九點是Hilary的睡前散步時間。通常晚上我們看電視時，牠都會在客廳的小床躺臥著休息，把頭平擺在毯子上，或蜷縮在牠彎成一圈的肚子裡。很奇怪的是，一到晚上九點，牠就準時地從小床上起來，向前與向後伸伸懶腰，走到我或北安身邊，舔舔我們，搖著尾巴，眼睛定定看著我們，靜坐，不多久要是我們不動或不理牠，牠就再重覆一次用頭頂頂我們的

腿，彷彿告訴我們時間到了。

　　只要完成一天最後一次的散步，牠就乖乖上小床，當晚不再吵著出去，安心睡覺。

　　同樣的，每天早上九點要是我還賴床的話，牠也會從客廳上樓到房間，親親我們仍躺在床上無力的手，再不起來帶牠出去，牠就要用舌頭洗我們的臉了。在德國養狗，要帶狗散步，狗狗不關在籠子，上廁所要飼主帶出門，一天至少三次。

　　我常覺得狗狗肚子裡的鬧鐘真的太靈了，晚上節目正好看，牠也無情地準時叫喚我們，有時分秒不差，讓人驚訝！

　　德國有冬令與夏令時間，牠也只要三天調整，之後牠又會準時報時了。

散步與健康

　　在動物治療中，在美國的一個報告中提到心臟病的研究，我覺得十分有意思。這是要研究心臟病開刀的預後，在研究中不經意的發現到，有些病患開同一個刀，但住院的時間平均少三到四天，他們想瞭解其因素為何。在比較其他原因找不出頭緒來時，他們就往社會因素去看，結果發現這些提早三、四天出院的病患多是狗的飼主。

　　不過，我覺得這報告可能在台灣也會行不通，因為在國外，狗飼主會帶狗出去散步，每天散步對血液循環有改善的功

能，這些減少住院天數的心臟病患可能是是長期散步或帶狗慢跑的結果，致使血液循環較好，讓他們的心臟功能在開刀後復原較快，而台灣飼主沒有這個習慣，所以可能效果不彰。

有自己的動物陪伴或
與自己的動物互動　增進健康

另外飼養動物也讓醫界證實了看病次數會減少，這在1995年日內瓦的人與動物的世界會議中，由澳洲籍Garry教授所做的研究提出的結果。這項報告說，養狗者較沒養狗者少看5％的家醫，而養貓更是比不養者少看12％的家醫。

另一個澳洲Warwick Anderson在1993年的研究，研究中提到家中動物有促進健康的正面效果，他在七千位自認健康者的血液中去分析其三酸肝油脂的值。得出的結論是，男人家中有動物者其三酸肝油脂與血脂肪呈現明顯較低的情況，也減少患心臟病的危險。

對於喜愛動物的人來說，不一定要撫摸動物，研究報告顯示，只要有動物存在，就可讓動物飼主的壓力減輕，血壓降低與脈搏較慢。這些研究的前提都是動物是自己的與主人互動的結果。有趣的是，如果是撫摸別人的狗，在Mara Baun的報告中就清楚地提到，完全沒有降血壓的功能，他們還讓愛動物者去摸別人的狗與自己的狗做比較，結果一樣，只有摸自己的狗才會降血壓。

當動物擾亂了你的人際關係

　　在個別動物對不同的個人有不同的影響研究調查中，我們看到一個受到動物影響而情緒容易受感動的人，他與動物的關係絕對是有的，而其影響也是可以想像的。尤其是家中所養的動物，可以因為配偶一方對動物的互動加深或頻繁與親密，而引起另一方的嫉妒或焦慮；另外，也會因配偶或家人對動物喜好與飼養的不同而有歧見。

這樣的事，就曾經發生在我自己的身上。我喜歡狗，可是先生從沒養過狗，對狗其實有一點陌生。

　　我覺得一次養兩隻，能讓狗狗不孤單，對我也不是問題，他卻覺得我養的公狗常在家抬腳尿尿，即使剛出去散步回來，牠還是不改其尿，而且常常喜歡挑釁我家希拉蕾，狗狗就會在我們面前爭誰是老大，常常逗弄希拉蕾，弄得家裡不安寧。而我們又同住沒多久，他覺得他精神上受到很大壓力，告訴我說，他無法接受家裡有兩隻狗，否則他無法跟我生活。聽了他這麼說，我才覺得事情大條了，他不能忍受也就是要跟我分開，我只好幫我們家公狗吉利另找人家。

　　所以動物的出現也會因為跟人的親近關係而導致人與人之間關係的變化，這是可以想像的。如果有些人不尊重伴侶不能接受動物的事實，婚姻或家庭成員關係起變化更是自然的事。

　　另外，我們也會常常聽到小孩子訴苦，說家中動物比他受到更多的關愛，而覺得被冷落。這也是家中同伴動物可能帶來家人間的困擾，動物與人關係的評估與維持家中成員互動和諧都必須被考慮到。

　　當然從小沒有時常接觸動物的人，對動物就很難有特別的喜好，也無法對動物有興趣，而可能在長大後因不了解而對動物害怕更甚者也有可能產生敵視。

　　動物與人的關係當然也與社會的接受度有關。如果一個社

會基本上就認為動物是低於人的畜生，不願親近動物，對動物不敢也不感興趣，那我們也不可能期待動物對這樣社會文化下的人產生太大的療癒力，甚至對生而討厭動物的人，他對動物只能產生厭惡感，就不可能有良善的關係發展，互動既然不可能，當然更不可能有更深的期待。

這也說明動物輔助治療是實務與經驗性的科學，必須在地化研究，因為每個國家社會文化等民情不同，動物對個人的影響也就不同。它對歐美國家有效，可是在人情世故完全不同的台灣，治療與教育效果要更審慎評估。它絕不是萬靈丹。

另外，動物對其他人是否受干擾或厭惡都會因社會經驗不同而有不同的結果。如果治療不能掌握動物輔助治療的個別性影響因素，就無法有良好的效果，因為Du Evidenz「你－凸顯」的因素讓人喜愛動物是個別單一的。

我愛我家狗希拉蕾，但就是害怕討厭鄰居的阿福。許多照護機構經常不知道這個原理，僅是讓有訓練的Dr. Dog來當養老院的醫師，卻拒絕長者家自己狗來探訪，是完全違反動物輔助治療的基本原理。

從長者個人療效著想，讓長者自己家的動物來探訪他，療效會更好。當然自家沒有訓練的狗來照護機構，最重要的是要把狗的衛生條件做好，例如去除身體內外的寄生蟲，還有打必要的預防針，都是到照護機構去的狗狗必須要遵守的原則。

動物幫助你的道理

Du Evidenz（中譯為「你—凸顯」）。

Du的德文是「你」之意，Evidenz是「明確凸顯」之意。整個意思是在描述人與他物Du的彼此認識而凸顯的關係。它是一種人與人，或人與動物，甚或可以是人與物之間有意義的關係確認。這種現象，是一種關係確認，這種關係可以從喜愛、親近甚而迷戀。被喜愛或被迷戀的人、動物或他物，觸動了主動示愛者的心，而因之對這個他物——Du產生了有意義的夥伴關係情感。

在動物與人的關係討論上，動物能夠正面影響人，有各種可能，背後有很多原理，「你—凸顯」是最重要的影響因素。你—凸顯是讓人與人或人與動物關係被認識注意到。大多的時候是人把特定動物當成一種夥伴，但也有時是動物也會找其他動物或人當有意義的夥伴。

這樣的夥伴關係，其實不一定要是人，動物也可以是一個對之有意義的物。幾年前，德國有一隻天鵝整天都伴隨一條天鵝船，天鵝船開到哪，那隻天鵝就在船身邊數個月，天鵝把船當牠的伴侶，整天伴隨它。這條船對這隻天鵝有不可替代的意義，而天鵝伴隨船的消息也因之而散布全世界。

「你—凸顯」有時也可以是明星與粉絲的關係，被愛慕者，並不一定知道喜歡他的人是誰，甚至被愛慕的對象有時也可以是一輛車，車主對它有特殊感情，對車照顧有加，如愛情中的情侶一樣。

　　人與動物的關係，產生的「你—凸顯」，通常人會把動物當成夥伴，把牠當成一個有人格的生命體，最明顯的現象，就是人會給動物取名字。透過名字，這隻動物就可從其他同類中分別出來，也有個體化。取名這個意義，也代表牠是家庭的成員，有跟牠這個個體說話與親近的可能，這時牠也會在需求上與法律事務上可以與人一樣有權益保障。

　　人很難將家中死去的動物直接丟棄於垃圾桶，因為牠們與人已經有了某種程度的關係。在法律事務上，經常也可以聽到因為動物的訴訟問題，在中世紀的歐洲，若有人隨意殺貓，必須被懲處罰款，要是有豬弄傷小孩，豬被絞刑時，會讓其他豬觀看被絞刑的豬，原因也是人認為豬是個體，有認知的能力。現今動物保護法也明令動物不能任意宰殺，動物在法律上也有福利，不應不理性的遭到殘忍對待。這些現象都說明，人類承認人必須對人與動物的關係負某種必要的責任。

　　「你—凸顯」是動物治療或在教育上矯正人行為得以成功的關鍵因素。「你—凸顯」可以從僅是觀賞魚缸與養魚，到把動物當成生命中的親密生活伴侶，有些人與動物的關係與人與

人關係已所差無幾，甚至更重要。很多觀察中，讓我們看到，孩童與動物關係比孩童與成人的關係更好。

這個可能與人類發展的認知有關，在一個嬰孩尚未認知到「我」以前，他最先知道的是「媽媽」與「狗」這個你。這也是很多專家推測，孩童相對於成人能對動物保持較開放的原因。

透過更多對動物行為的了解，我們也發現了動物對人的理解可以越來越好。尤其是與人類一起居住的貓與狗，牠們甚至可以幾乎接近用人可以理解的方式理解人。

「你—凸顯」是可以這麼說，你擁有我喜愛你的特性，你是我同伴。

希拉蕾，有妳真好！

　　早上從樓梯下來，習慣看了一下客廳的角落，總覺得會有一個白色的物體在那兒，會站起來期待與我一起出門。

　　那個白絨絨的小生命消失了，再也不會再出現了。

　　盛滿白色毛的咖啡色床墊，仍滿滿地有牠的蹤跡。我不想去整理那個角落，其實是不想承認，牠真的走了。

平常牠就是一隻很安靜的狗，不愛我們特別與牠說話，牠總是靜靜地觀看，有東西吃的時候，牠才會默默地走到身旁，用滿滿期望地眼神看著我們。

　　安靜的狗狗本來存在感就不明顯，現在的不存在，更不明顯。不去整理的那個角落，心中其實是希望可以想像牠在，在房子的任何角落走動、嗅聞著牠的零嘴、我們煮食東西掉下來的屑屑。但是我知道，不需再找牠。牠不再回來了。

　　昨天我帶著牠上公車，牠拖著虛弱的身子，踉踉蹌蹌地走在雪地裡，爬不上公車，站也站不穩。我抱起牠上公車，看牠連站也站不穩，再抱起牠，讓牠躺臥在我的膝蓋。以前上公車，牠可以四腳站好平衡自己。

　　平常牠是隻容易緊張的狗，很不喜歡人家隨便靠近牠，更不要人家抱牠的，但這時的牠很虛弱，牠完全沒有抵抗我的抱，牠活得好虛弱也好辛苦。

　　到醫生那兒，量了量體重，一星期劇瘦一公斤半，醫生認為癌症的侵蝕已讓牠無法承受住自己的體重，牠正痛苦地與病魔抗戰與掙扎。醫生告訴我，在醫學上無法再幫希拉蕾了，再拖也是病苦，不要再讓牠痛苦下去比較好。

　　我懂得，能不痛地死亡也是人所企求的，動物有這個機會，我完全同意醫生的看法。會與動物溝通的朋友說，要我自己也要放輕鬆，狗狗才會輕鬆；而另一個朋友告訴我，我們一

定要留到最後一秒鐘陪牠走，我照做了。

打了麻醉針後不久，牠沉沉地睡了。很久很久以來，我都沒有看到牠睡得這麼熟。我跟牠說，我很感謝牠，要牠回去了，回去牠來的地方，不要擔心，我愛牠，要牠放心！一邊說，一邊撫摸著牠，手在牠耳朵下撫摸牠，鎮定牠，讓牠舒服地走完最後一秒的狗生。

也許牠真的懂得我說的，熟睡後的毒針沒有讓牠有絲毫的痛苦與抽動。醫師告知我，有些狗狗打了毒針以後會全身抽動一下，要我不要被嚇到。希拉蕾沒有抽動，走得非常寧靜，與熟睡的模樣一樣。

最後醫生帶上聽診器，告訴我，牠走了，心臟沒有跳了。我放心了，牠真的好好地在熟睡中沒有再醒來。難過的是我，但我想，牠是幸福的。這樣就好！

我把牠從台灣帶來，十五年來陪伴著我。在德國這段日子，我真的很高興有來自同家鄉的牠陪我。真的辛苦牠了！每次看到牠時，我就會想起台灣，台灣的溫暖與家人。牠像我家人陪我，懂得我所說，懂得我的眼神，懂得我的不高興與在德國的酸甜苦辣。我很滿足有牠的懂我，懂我這個異鄉人，而牠應該也會很滿足！

動物可以影響人是不容置疑的，牠與你互動的感情，其實與人一樣。牠雖然不曾說過一句話，但牠卻可以懂得人對牠的

期望與要求。

　　看到牠寧靜地死去，雖然不能在我身旁，不過在天上的牠應該還是會像活著時一樣，如同天使般地保護我。

　　希拉蕾，我只能說，有妳真好！

Ingolstadt，2015 年 2 月 2 日

以動物作為取樂，是另一種虐待

　　最近網路上有一則虐待動物的「趣聞」。報導上說的是一隻狗被訓練成用兩隻腳走路，還被穿上女孩的衣服，背上背著小背包，像人一樣地有模有樣地走了五十秒鐘以上的路。中國人口音的路人所發出的驚訝與讚嘆聲，主人很得意他的傑作。

　　我看了這段影片，路人的評語多是好玩、很可愛、有意思；但很多人可能沒想到，這隻狗是怎麼被訓練成兩腳走路，

而且持續走數十秒鐘？事實上，狗用兩腳走路是會對狗造成脊椎及骨骼的傷害。

把動物的行為本質變質到完全達到人的取樂需求，在人類與動物關係密切之後，這樣一個病態的人類心態其實值得思考。

我也承認，在歐洲住了一段時間，才漸漸對尊重動物需求有所反思。在台灣與亞洲及其他國家，動物完全為人所取、為人玩物是常態，動物多被用來取樂，並不是治療人行為的效果。亞洲很多人知道動物某些器官或肉質可以補陽與充沛體力外，完全基於人類養生與健康，視動物為物體而非有感情有感受能力的生命體。

人有錢了就愛炫耀，炫耀不夠，更訓練動物違反身體機能地取樂人類，這樣的病態與予取予求的關係，是人類對動物的虐待而不自知。其實要建立能有長久的治療關係與矯正行為的關係，用予取予求的心態是根本的錯誤，也是不可能的。

如果有人把快樂建立在生命的痛苦上，而感到人格或心理被療癒，其實是表面的取樂，或有甚者稱之為虐待狂，根本不能稱之為有治療或輔助治療的效果。因為治療與輔助治療是建立在個案與動物的長期尊重與信任關係上，是雙方真心的投入，感情的互動所形成正面影響，從而在心理狀況不佳或行為違常時，可以透過互動來緩解，因為這種不為人所替代的特殊

互動，是透過動物與人的完全信任關係，而造成人格重建或矯正行為問題，這種治療關係是一種深層的信任關係與取樂所得的一時歡笑完全不同。

在動物輔助治療上，人可以透過與動物自然的互動，產生治療的效果。這種治療效果，有別於人與人的互動。動物輔助治療喚醒個案對自然中本能的信任需求，可以以自然的真實面貌面對自己的對象，用完全接受個案優缺點與各種情緒的互動帶給個案發自內心的愉悅。這種沒有虛假包裝的互動，與特製包裝訓練的擬人化模樣完全不同，對心理上的影響層次與深度也完全不一樣。

基於是全然的信任關係，就必須考慮到動物自然表現的可能。自然表現需要是依循自然的行為表現。而且這種治療也是個別性的啟發，個人能受到感動者，才有痊癒或療傷的可能。

不能尊重從發自內心與動物互動者，其實是沒有能力被動物所感動者，當然受影響的可能也大為減少，根本也不可能談上治療。

所以動物療法的基本概念是要能為動物所感動者才是最大的前提。

http://news.ltn.com.tw/news/life/breakingnews/1181369

你與動物的多種關係

人的矛盾心理

　　很多時候我們看到的多是動物帶給人的利益，但牠們卻也可以強化人類自己的負面問題，例如：有些人為了提昇自我價值感而飼養動物。在德國養馬經常可以給人較高貴而有權勢的印象；狗其實也有這種功能，在台灣養熱門流行的品種狗成了風氣，擁有品種狗的人，為了讓別人看到他的價值，經常買價

格很貴的狗來炫耀；還有人養價值數十萬元的金魚，某種程度上不過都是要滿足自己誇耀的目的。

根據民俗與人種學家Jutta Buchner的觀察，她觀察到在歐洲已經出現「被情緒化的狗」，一些名門貴族或好的市民社會中，狗常可以反應飼主的心理及社會意義。狗可以滿足人的權力使喚的欲望，也可以滿足情緒的釋放還有對飼主身體的安全保護的需求。牠可以反應他的具有威望與權貴的身分階級，取得融入自己認同的團體的入場券。

對飼主來說，他可以對他所飼養的動物擁有的完全權力。另外，一個身處高位的人，經常是寂寞的。因為在他身邊的人，盡是偽善的諂媚阿諛、嗜權陰險者、卑躬屈膝者，諸多無法信任。一個高位者，幾乎無法在他身邊找到忠實可以信靠的夥伴，而動物卻可以讓高位者因為動物的忠實、馴服、溫柔與不受賄賂的特質，而讓居於高位者可以完全取信牠。

動物分等級

再看人類把動物分成有用與沒用的動物，也是一種心理上極端的矛盾現象。最極端的例子我們可以看到人對動物視為同伴來對待，而有些則視為有用的經濟動物來處理。德國哲學與社會學家Rainer Wiedenmann在他〈動物的陌生〉的文章中曾提出這個觀點，跟著Pennsylvania大學的獸醫學院的動物與社會群

體互動研究中心的負責人James A. Serpell也有類似的觀點：社會中因為有些動物是人的同伴的因素，人視之為如同自己的朋友或親屬關係，導致人在得知動物受到虐待而有憤怒與感到可惡的感覺。

而另外一方面，我們卻把豬處理得完全沒有價值一般，把牠們視為是一種完全沒有知覺與感覺的東西一樣，雖然牠們比其他動物對人類更有實質貢獻。

Wiedenmann把這種現象視為是現代社會用各種不同的技巧來解決或面對這種矛盾現象。

第一是用無名化，讓人看不見這些經濟動物，用這樣的距離感來讓動物可以安心進消費者的胃，中國說「君子遠庖廚」就有意曲同工之意。

第二是社會學家Zygmunt Baumann所提的道德中立化。用功能性與階級性來分類動物，這有個人主觀性影響的因素。

我們可以看到社會上對同樣的虐待大量飼養經濟動物的事件，有些人非常冷漠，而有些人覺得非常殘酷的區別。社會學家Zygmunt Baumann在他的理論中談到，道德也會因各個文化不同而有所不同，而且感受也不一樣。在某些社會會引起共憤的事件，對另一個社會卻可能完全冷漠。另外把道德的顧忌與疑慮分散於各個不同的地方，或用功能或用階級等分類來分散增加道德壓力的負擔，也是人類社會面對動物與人的關係矛盾的

方式。

　　Wiedenmann再提出，使動物陌生化的方式，使人避免了
「你－凸顯」的認知衝突，讓人避免了吃動物有罪的道德矛
盾；也解釋了家中有飼養動物者，對動物的感受會更敏銳。因
為飼養動物的飼主每天都可以接觸到動物，產生感情，是人與
動物關係中最清楚能認知到與感受到人與動物相互情感交流的
關係。他們對動物的感受比較能感同身受，因此他們的吃食動
物的道德會比較大一些。

被人溺愛而有行為問題的動物

　　當然在動物這一方面，也因為與人類的緊密接觸與相處而
造成了家中的問題動物。獸醫近年來也經常會提到臨床上出現
神經質的動物。在這些問題動物身上，也讓我看到動物飼主的
心理層面的問題。

　　病態的疼愛動物，也會使人變得更神經質。一位心理學家
Leonard J. Simon在「家中動物危機」研究中提到，動物可以在婚
姻中成為挽救婚姻的因素，但很多時候是造成危機的源頭。有
些人會因為自己與人接觸的無能而在動物身上取得補償性的接
觸。因為有動物的補償性接觸，所以這些人也不會去面對自己
這方面的問題。因為補償性接觸的增強，讓有些人更不去接觸
人而退縮到只有去找動物。

有些心理學家更指出，對動物的愛不過是缺乏有人類的愛的一種代償作用。不過做上述論述的理論，現今已經被證實不完全正確。最近的報告指出，喜愛動物的人，或自己擁有動物的人，在統計上的人格傾向是比沒有動物者更開明、合群並且也比較有自我意識。

　　有這樣的爭議，其實也有好處，至少讓動物與人關係的研究，可以更受到社會大眾的矚目與重視。

讓動物快樂，人才會快樂

在動物未治療人以前，先要考慮動物福祉與動保概念

　　過去莊子問魚之樂的故事，談到莊子與惠子爭辯，惠子懷疑莊子是否真正知道魚的快樂。莊子說，當惠子問莊子怎麼知道魚快不快樂這句話時，就已經承認莊子知道魚的快不快樂。雖然這是一場純口舌的爭辯，但是也可以知道，用人的角度要看動物的福利與快樂其實不是那麼容易。

在台灣，其實各處可見，人類設想的動物福利，舉凡冬天穿衣服，給貓洗澡，讓狗擠進狹小如洗衣機大的空間裡洗澡，為怕狗傷人，讓狗狗長期帶口罩（狗需要以打開嘴巴來散熱，卻完全沒有被考慮到），不讓狗踩在陸地而用狗推車出門，更有甚者不跟狗散步，將狗整天囚禁籠中，用短繩栓綁狗，更具爭議性的還有為了怕被檢舉噪音而割掉狗的聲帶。在台灣，很多人以為：養狗就是給牠留一條命，並且可以方便看家。而留牠一條命，就是為牠著想，這樣就是「動物福利」。所以我們會時常會見到，人怎麼方便，就怎麼養狗。

　　動物福祉到處都在人的方便中妥協，把動物當成是物而非真正有生命的存在。動物的存在只為人服務，人高高在上，接受動物的程度其實是隔著一層自己的眼鏡在看，用自己的方便養動物，喜愛就養，不喜愛就丟。要做好事為求福報就買幾隻鳥、幾隻鴿子或烏龜放生，而動物適不適合被這樣隨意放生，根本也不被反省討論。

　　醫學上證明，很多藥物的有效，大多得於一種心理上的信服。很多醫療上的治療要有效，其實心理因素非常重要；因為我們相信醫師的專業，所以我們去就醫。醫療上也曾證實以醫師的專業形象，拿無藥性也無傷害性的藥物做實驗給病患服用，病患因為信任的心理因素而大多感到病情有改善。

　　西方人士吃肉比台灣可能更多，不過在同伴動物的尊重

上，有一定的認知，通常出自真心喜愛與尊重動物的特質，才能真正影響需要矯正行為或受影響的主體。

一個法治社會，不但要有法律規定，也要尊重法令的條款而執行法令。很多動物所產生的不舒適其實肉眼完全看不出來，也不容易判斷出來牠們的病痛。

在德國的動物保護法律中原則是：「人類有擔負對他們的共同生命體的生命與福祉的責任。沒有人可以用毫無理性的理由造成動物的疼痛、痛苦與傷害。」

即使是這樣，動物承受的傷害與痛苦，讓完全不同種的人類經常無法感同身受，而錯誤理解疼痛與傷害的訊息。

有一些簡單的原則可以參考：

1.有聲的疼痛聲音

2.無聲的呻吟

3.瘸跛

4.躁動

5.咬或舔或搔抓其疼痛處

6.嘗試將患處弄掉或舔掉

7.變瘦

8.散亂的毛或羽毛

9.逃離或嘗試逃離

10.兇暴或無精打采

有以上情況不好的動物，切勿作為服務人類的動物。只有動物在最佳狀態時，牠們傳遞給人的訊息與讓人感到平等互動對受訪或被治療者才能真正有正面的意義。

所以動物飼養者需要經過訓練，也經常要與獸醫、訓練者討論，才能有能力照顧狗，尤其是要當長期服務人類的狗。雖然各方專業都有不同立場，但仍是要在狗狗的福利上考慮，各方取得妥協才能讓動物在適合牠動物行為的狀態中幫助人，因而達到最佳的狀態。

幫助殘障人士的狗，牠會快樂嗎？這樣的服務會不會只是一種剝削？對狗來說，什麼是快樂？這些問題，不僅對狗狗重要，對人也很重要。

動物要先快樂　輔助治療才會有效

我們應該首先考慮到——狗狗的基本需求可以得到滿足，這是最基本的信念。完全健康的身體狀況，是非常重要的。

狗狗做訪視其實對狗狗是不輕鬆的事。牠們要用牠們敏感的鼻子接觸不同的人與不同的環境。要知道他們的鼻子很敏感，會聞到不同人與不同環境的味道，牠們敏感的味覺雖然可以篩選忽略過，但這都是一種需要分辨的能力，也是他們身心狀態好的時候，才可能做到。狗狗被帶到新環境去，需要比人更多的適應。所以訪視時間一隻狗不能超過四十五分鐘，做完

訪視就要給牠們一段時間與安全的圈圍空間可以恣意的奔跑，讓牠們身心得以解放。

社會行為上也要考慮

　　狗狗是群體的動物，牠喜歡跟牠的同伴一起，如果讓狗狗長期獨處沒有同伴，對狗狗是一種很大的精神傷害，有時也會產生狗狗的行為問題。飼養狗狗的人是狗狗的同伴，不僅要提供生理上的滿足，在玩樂嬉戲上，還有相處的尊卑都要讓狗狗了解自己的群體地位，才不會讓狗的認同錯亂。

　　在德國並沒有因為公共傷害的潛在危險性而規定狗狗一定要牽繩與戴上狗口罩。法律上不規定牽繩子，但仍把安全責任落在飼主身上。德國飼主多會為他們的狗保第三責任險，用保險來分擔造成財務損失的風險。

　　狗狗只有在沒有牽制的情況下才能自然地認識其他同伴，因而也才可以避免他們看似兇暴的吠叫與看似要衝撞或類似要攻擊其他狗的動作。一隻社會行為良好的狗，不會咬人也不會咬傷狗。德國的法律因為考慮狗的社會行為，因而沒有強制飼主什麼狗非要牽繩子不可。狗狗社會行為的需求，在德國的法律上是充分被考慮到。飼主也被要求要充分能掌握狗的行為，不然法律上責任仍需要飼主全權負責。

　　狗狗咬人的問題，也和牠們的社會行為有直接關係。狗

狗的教育就顯得非常重要。狗狗在幼小的時候，與飼養牠的人的相處經驗，將奠定牠以後的狗格，及日後和人互動相處的模式。狗狗定期與其他幼犬與成犬的嬉戲也是正常社會化行為的基石。會有攻擊行為的問題，一般是狗沒有良好的社會化之故。

　　狗需要社交，需要社會接觸，質和量都是很重要的。太被擬人化的狗，沒有正常的狗社交，甚有被打扮成人樣或是人給牠們太多的情緒，都會造成狗狗重大的負擔。

哪種動物適合你

選擇哪種動物做治療，當然除了個別需要，還要看動物是否適合這樣個別的需求。

狗：狗的互動性強，也要求情感的互動，也要求人類提供牠們教養。狗是群體的動物，讓牠們一隻狗單獨太久，常常對牠們來說，是一種折磨。他們在人類社會中，就是把人當成他們社群中的一分子，有誰是老大的尊卑區別，角色認同很清楚。

把狗關在籠子裡或用短繩養狗者,基本上剝奪了牠的生理需求,無法讓狗依照牠應有的習性過生活,這樣的狗其實行為是不正常的。牠們的需求不能被達到,經常會過於暴躁容易咬人,長久下來將讓牠們神經質與對人互動毫無興趣,這樣的狗不可能會對人產生太大的正面影響,不僅這樣,他們的需求不被滿足,將處於極度不安與不正常的狀態,隨時會對人類社會造成潛在的傷害,比如兇猛咬人或無法再學習聽從命令。

一般對狗性不了解者,人會用自以為是的方式養牠,根據人的需求與方便,用人片面的喜愛來處理狗的需求,人或許覺得他滿足到他有養狗的需求,把牠物化成一個物品來炫耀,但長期來說,狗不快樂,人也不可能從中獲益。

狗的種類很多,需有任務取向的、給警察作為警務的狗,可能體格需要高大;給老人當陪伴的狗,種類選擇與年齡就不同。另外,德國有訓練當尋找失蹤者的狗,訓練在地震等地方當救難狗,平常也可以讓牠們當狗醫生,到老人院去探視老人,討老人家歡心。

貓:飼養貓的人,可能不需要有那麼多時間陪貓,飼養壓力相對狗來得少。貓本身是喜愛獨自生活的,在幼貓二到七週時與母貓及人生活在一起,對人就不會疏離陌生。貓給人的訊息很清楚,也比較好照顧。貓喜歡做自己的事(doing their own thing),但牠們也是可以展現牠們對人的吸引力。

天竺鼠與兔子：牠們屬於自然界非獵食性地的動物，生性害羞，天生有害怕逃亡的本性。這點非常重要，飼養或讓外人撫摸時，都需尊重牠們的習性，不可要求過高或勉強其配合。

　　馬：通常是在特別的環境，及特殊的需求才會有互動。馬的飼養環境要求更高更多，與馬的相處更需要有專業者相伴。

千萬不要挑戰動物的本性

遇到成群流浪狗

今天收到一位從德國退休回台灣的朋友的來信,說他在台北市郊騎自行車,被流浪犬圍剿。他在淡水河畔騎車,在河邊比較多芒草的地方,他想探個究竟,就離開騎車道,騎到芒草一帶。就在芒草叢生處,他看到一群流浪犬臥地休息,其中一隻起來看了後,他就警覺地繼續往前騎,但馬上被這群流浪犬

兇猛地追趕，沿路群狗吠叫，令人害怕。但騎車速度還是沒有狗跑得快，他的後腿還被狗咬傷。

之前，他說有看過網路傳送的影片，介紹與貓科動物互動，人不能背對動物，不然會被攻擊。所以，他即時下車，正面對狗大聲吼叫，並且把他的腳踏車舉起，往空中左右甩盪。過不了多久，這群狗就安靜地走了。

狩獵動物習性

我看了他傳給我的影片，示範了老虎看到背對牠們的人，都會從遠處跑過來，作勢要攻擊。有的老虎還跳躍起來，要不是有鐵網相隔，人早就沒命了。沒錯，狩獵動物的本能，就是追。對於狩獵動物來說，獵物通常是在跑的時候，背對他們。所以背對狩獵動物，對於狩獵動物來說，就是牠們潛在的獵物，對狩獵動物是很大的誘惑。

我的朋友拿起腳踏車，在空中甩盪，把身體體型放大，讓狗覺得對手體型很大，這是正確的，另外他動物性本能地大吼大叫，也是正確的。讓體型壯大，很重要，用吼叫不但嚇狗，也壯大自己害怕的聲勢，最後，人靜止不跑，牠們就不會將當他成獵物了。最重要的是，把狗嚇跑。

千萬不要被狗嚇慌，拔腿而跑，因為跑是給狗其他狩獵動物最好追趕的機會。人怎麼跑，都跑不過一隻小狗，當牠因為

看到你跑時，對牠來說，就是看到獵物，攻擊的本能就會直接
衝上來，誰叫誰喊都擋不住。所以，人千萬不要挑戰動物的本
性。

狂犬病施打疫苗評估

我也為朋友被追趕、被咬傷，捏了一把冷汗！馬上建議他
最好去看醫生。被流浪犬咬到的人，最好去看醫生打針。台灣
流浪犬傳染到狂犬病的病例不多，但台灣在近年來，已經是狂
犬病疫區，如果我們不能抓到狗觀察牠是否會發病，人最好有
防範措施，追加施打疫苗，可以避免得到狂犬病的傳染。

目前台灣只有錢鼠、鼬獾，也曾有一隻幼犬被發現有狂犬
病，咬傷人的病例都在台東、中南部。不過，還是建議給醫生
看一下，比較安心。

零安樂死的政策

擔心收容所收不下流浪動物，台灣政府多放任、不主動再
抓狗，而一般人棄養數不變，流浪犬將更多。在郊外，大家要
多警覺，了解狗性，鎮定為要。

接近動物，還原人類原始樣貌

　　動物對人會有一定的影響，多是有互動而產生的。但也可以是觀賞魚或水中生物而產生的鎮定作用。

　　觀賞時，人與水中生物並沒有互動，透過人類自己自發性的觀看，而人感覺受到安撫鎮定，這樣的實例已從醫學得到證實。另外，水族館如雨後春筍的崛起，各式各樣的海洋生物也被圈養觀賞，更是證實人類觀賞海洋動物的市場需求。

再看看，許多孩童與成人都喜歡到動物園去參觀觀賞動物，其實也是在尋求與自然中動物近距離接觸。現今越來越多的人會到野生動物園參觀，其實是人類為了滿足無法到大自然去接觸動物，而刻意營造自然野生的環境，讓人開車在相對安全的狀況下，觀看動物沒有被圈綁的生活型態。

　　與動物沒有互動、沒有關係，越接近自然越好，成了人類的追求！觀看野生動物的目的就是人類在尋求內心深處中，對原始生命的呼喚，藉由觀賞野生動物的行徑，來滿足失去自然生活的人類內心的渴盼。人已經無法掙脫出人造環境，與文明塑造出來的禮教行為及思考模式，用接近與觀賞動物的方式，還原找回人類自己的原始樣貌，是人類內心不安本能的需求。

　　動物園從僅僅觀賞動物的單面向經營，轉型到經營可愛動物園區，讓人可以親近動物與撫摸動物的互動。這種互動的經營模式，也反應人想與動物互動的原始本能。再看歐洲的許多動物收容所，除了收容外，也會開放一定時間讓人帶狗去散步，除了為了動物福利的原因外，也滿足讓家中不能養狗者的需求，讓他們可以與狗狗互動，增加與自然接觸的可能。這些互動，都是人類滿足自己失去自然聯繫的不安需求。

　　不論是因為什麼原理讓動物影響到人，其中吸引人去接近動物的最主要的原因是，人因為有動物的存在而受到感動，心理與行為因之受到改變，提昇了生活品質，所以才會有同伴動

物產生——這種人與動物關係品質的提昇。有了這種提昇，透過互動，人被動物的影響才會更深層，甚至人格化，而讓動物擁有福利與權益。

吃動物的倫理

真實故事兩則，與大家分享。

故事一

一個四歲男孩，走到海產店，看到水族箱的魚自在的游泳。這個男孩因之大開眼界，平常根本沒有機會看到這麼大隻的魚，自在的游泳，一看再看，喜愛不已。另外他也看到大人

討論一番後，與大家一起吃了豐盛的海產。當男孩走出海產店，看到那隻自在游泳的魚不見了，他意識到那隻剛剛看到的魚被宰殺了，心中一陣難過，大聲哭號起來，大人都不知所措，不知道男孩為何而哭。最後大家想到，這個男孩驚覺到魚不是活得好好的，而是因人的口腹而死，心中感到殘忍與驚怕。

故事二

有一個德國人看到台灣在炭爐中燒烤的蝦子，看到牠們被活生生抓來，在炭爐上被燒烤時，觸鬚與腳肢慢慢蜷曲收縮，感到不忍。這是一般台灣人根本不會感受到的疼痛，而這位德國人卻看到也感受到牠的痛苦。他跟我說，這樣蝦子很痛苦得死，他覺得不忍。聽他說了，我才驚覺到，蝦子的死，也是會痛苦的。這也是我們飲食文化中幾乎被漠視的宰殺道德。另外，魚翅與燕窩更是明顯殘忍，卻很少被正面討論。

這些故事，其實也是很明顯地告訴我們，孩子沒有把動物物化以前的自然情緒。而成人世界，殘忍地說，就是在訓練這個讓動物被人給物化的過程。有些人繼續堅持，自願持續保有動物不應被物化的情緒，所以選擇吃素保護動物，希望自己可以不是宰殺動物的共犯。

過去我們都是把動物當成是經濟動物，是因為牠們的肉質

或用途可以提供給人類，所以我們飼養他們。因為要利用牠們的皮肉，所以我們必須把動物給物化，或低等化，而讓人在宰殺時可以不必背負良心難安的罪名。

　　而同伴動物的關係產生，不是因為動物的種類，而是牠們與我們人類共處的模式，是同伴的關係。人因為受到自然的誘惑，而飼養與人類互動較多的狗與貓或鳥，也讓牠們成了人類文明生活中的夥伴，這樣的關係，讓動物成為人類精神有貢獻的朋友。因此很多人不能接受夥伴關係的動物被宰殺來吃食。因為吃特定的夥伴關係的動物，成了吃食自己人類的夥伴，成為社會大多數人類不能接受的事，而被譴責懲罰。

　　吃食倫理是人類自我的要求。由於人類有需要動物的原始精神需求，所以會產生各種的道德衝突。受到同伴動物良性而正面的心理感動，而要求在道德上禁止吃食牠，是人類對同伴動物基本的良心回饋，故而在法律上規範。這些原理，其實都來自於人與同伴動物的互動增多，已如家人及朋友。把同伴動物吃了，不是衛生問題，是良知問題。

人與動物都自在的好地方

「報紙上說，母驢生小驢了，今天我們去看驢好嗎？」

「好啊！」

這是吃完飯，餐桌上公公給小孩的邀請。

在他們住的地方不遠，有個動物公園，是開放給人進去，與動物可以一起自在相處的地方。那有驢、馬、鵝、山羊及短腿矮馬。

當開車到達的時候，動物公園旁的有幾個圍籬，最前面的圍籬有幾隻兔子，再過去幾步路有垂腹白豬。圍籬內人都不能進去，只是展示。垂腹豬的圍籬前有個告示牌，說明豬的品種與習性，解說牌上說豬不會排汗，所以他們很喜歡到泥沼地去泡身體，可以排熱。有的人推著嬰兒車，有的人帶狗來參觀，帶狗的主人，把狗狗的牽繩拉得短短地，避免狗狗太接近兔子與豬，造成騷擾。

　　公園的門有兩層，第一個門進去後，要再走幾步才能開第二個門。進去有幾隻可愛的小羊群，可讓小朋友蹲下身來摸。站在我旁邊的淺棕色矮馬，正在拼命吃草，不太理人。矮馬腿很短，低頭吃著草，身體比我還要矮，身體高度大約與六歲小孩同高。不過仔細看牠，覺得牠的臉跟一般馬一樣長，馬的臉長幾乎是腿的一半，覺得有點逗趣。

　　牠認真的吃地上幾乎被牠吃得乾乾淨淨的草，但是好像不夠的感覺，長臉下方的嘴，不斷嚼，頭上上下下的一直動。牠看我走進去，一點也不陌生，一邊拔地上的草繼續吃，一邊嚼，看都不看我一眼。我忍不住跟牠說說話，伸手去摸牠的脖子，牠也不怕。

　　我沒見過這麼矮的馬，感覺身體矮小確實給人親近之感。牠好像很喜歡人摸牠的脖子與鬃毛，對我的撫摸他完全不感到懼怕、陌生。馬的毛在陽光下閃亮，屁股也很豐碩有力，腿雖

短，還是讓人感覺馬之俊美。也許個子小也有好處，讓人不感到高大的恐懼，反而可以讓人零距離地擁抱撫摸牠。

看看過去一點的兩隻驢，有個小女孩過去摸。小女孩慢慢地走到驢身旁，很熟悉地用她的手環抱著比她高一個頭的驢，驢子一點也沒有反抗，小女孩頭倚過去驢的脖子，表情怡然自得，驢子也乖乖地任由她環抱，完全沒有脾氣。不久，兩隻驢去舔食固定在木樁上的鹽，模樣逗人。

公園的另一邊有個間隔，是區分人與互動與讓動物安靜離退區。兩區中間有個圍籬圍起來，中間有個洞，可供動物自由來去。走到圍籬那，在大約十米之處，就看到一個小屋旁的一對驢子。剛出生不久的一隻小驢正在吃奶。母驢站立不動，轉身看小驢吃奶。剛剛才會站的小驢，毛色淺，毛茸茸的體毛，腿短頭大。待牠喝完奶後，轉身過來，站得不太穩，耳朵豎起來，抖一抖、動一動，模樣真是超有趣！

看看公園裡正在速寫畫畫的公公，還有拿著短毛刷正在刷驢身上毛的婆婆，幾個孩子神情投入地抱著喜愛的小羊，覺得他們都樂在其中。有孩子、有大人，也有老人，這裡沒有大人漫罵孩子，也沒有尖叫與動物疏離的害怕，人與動物間真的是零距離。

動物園的動物與你

　　2015年6月16日台北木柵動物園一隻孟加拉虎跑出第一道安全門，在被工作人員發現後，經獸醫麻醉槍射擊後制伏。老虎出來，怎麼得了？動物園動物除了供人欣賞外，還有其他存在的必要嗎？

動物園的動物

　　動物園的動物與我們有什麼關係，為什麼我們要有動物園，動物園的設置滿足了誰？其實這個問題，也是人類自己給自己製造的難題。人類殘害地球環境，讓很多野生動物沒有了合適的生存空間，為了保有這些動物，人類讓這些瀕臨絕種的稀有野生動物，繼續生活在被關的控制環境中，享有看他們的樂趣。

　　動物園中的設施，再怎麼設計，也無法如同野生動物所處的自然環境。

　　在動物園中，我們看到動物實體，與牠們被囚禁的生活。大家普遍認為有教育功能，是因為我們可以看到動物的實體而已。有些人覺得，要看動物真實的生活，看在野外實地拍攝的動物影片，其實就很真實，也可以真實感受到動物如何生活，為何還要有動物園的存在？但是動物園除了孩子以外，還是有成人喜歡造訪。為什麼？

　　動物園會受大人小孩的歡迎，原因是人喜歡動物，人喜愛觀看大自然的不同動物，牠們的模樣與人不同。一位具台灣獸醫背景的動保員認為，我們人類把牠們從野生環境捕捉來馴養，讓牠們早已失去回到野生環境中生存的能力。我們人類就有責任繼續永遠飼養牠們。動物園的存在其實不是全是為了人類利益的觀賞，也是對這些被抓來失去求生能力的動物背負起

道義責任。

聽起來原因是冠冕堂皇，但理由還是說服不了我。如果不是牠們與人類不一樣的模樣，牠們其實不會被捕到人類的生活中，過著囚禁的生活。

另外，有些動物園為了展示牠們自由的空間，有些動物園為展示出鳥可以在他們的動物園無拘無束的生活，故不設籠舍，讓牠們在戶外走動。鳥禽看似自由地生活，但事實上，這些鳥已被剪羽，根本無法飛行。

動保員的意思就是說，既然錯誤已經造成，我們要彌補人類的錯，人類就要擔負起這個良心上的道德責任。我覺得人應該努力去維持一個野生的動物也能生存的環境更重要。動物園是理想與現實的妥協象徵吧！有了動物園營利的需要，通常動物福利就會是次要的事。記得阿河的死亡故事嗎？那隻河馬被移送來移送去，重達一千公斤的阿河在人類的運送中摔了又再摔，最後重摔到悲慘死亡，引起台灣社會對動物的關心。

動物園管理

台灣具獸醫背景的高雄市動保員來德國紐倫堡參訪動物園，我們藉由問答可以了解德國獸醫如何管理動物園、與動物互動。

德國紐倫堡動物園有兒童遊戲區，可玩沙、盪鞦韆，玩各

種遊戲設施。

另外也有一區是可愛動物區，有各種不同的羊，讓小朋友進去餵羊、摸羊。

問：您們如何管理園區動物，主要工作？

答：動物園的動物，都需要定期身體檢查。為了做身體檢查，就要給牠們做訓練，讓牠們在做抽血等檢查時，可以適應。每一隻都需要個別訓練，讓牠們習慣人的存在，不要害怕人，逐漸適應牠們身邊有人存在的情況。抽血的檢驗，還要訓練牠們自願抬起肢體給抽血，最好都要做到不用麻醉就可以抽血的情形。通常這些訓練，需要半年以上。動物需與照顧動物的人及獸醫建立信任感，馴化牠們很重要。另外，比如抽血使用的酒精也要耐心讓牠們適應，不要讓牠們感到是陌生的異物，而心生害怕。我們的長頸鹿就可以抬腳讓我們抽血。

問：你們會設計讓野生動物如獵豹使出本能來覓食嗎？

答：野生動物沒事不會費力地去覓食。我們無法複製大自然的環境，讓牠奮力一跑，重現牠們的自然能力，讓我們觀賞到牠一秒跑幾十米的能力。因為牠們很聰明，牠們其實很清楚，這種超快的獵食，不能經常使用，牠們只有在非常必要的狀況下，才會奮力地跑出破紀錄的速度，一生僅能用幾次而

已。因為這種超快速的獵食，會耗盡牠們自己的體力。牠們在園區的生活，每天都很規律，也知道食物一定會來，就算動物園區工作人員把死掉的動物掛在空中移動，獵豹也會閒適地觀看著那個移動的動物死屍移動到另外一邊，然後獵豹會悠然地走到另一頭去取食物。動物確實是沒有想像中的笨！笨的是人吧！我們雙方都在鬥智，要看到動物原始的面貌，期望在動物園中看到，其實機會等於是零。

問：您們會讓動物吃活的動物嗎？

答：基於動物福利，我們不會給活的動物當食物。這些動物的食物都是安樂死的狀況下給園區動物，即使是魚，如果是淡水魚，我們會用電擊處死再餵食給北極熊或海獅、海狗等。

問：你們怎麼讓動物不無聊地過生活？

答：這是給我們很大的考驗。我們必須研究動物本性，給牠們相對有趣的生活，盡量讓環境豐富，減少刻板行為與自殘。例如北極熊，我們會把食物藏在冰塊中，讓牠們去撥找藏於結冰體中的食物。對獵食性動物，我們會丟給沾有其他動物氣味或刺激性氣味的東西，或用繩子拉肉塊，讓獵食動物會有想追逐獵食的欲望與行為。對靈長類則設計必須使用工具才能打開的盒子，打開後會有飼料的技術挑戰。我們也提供新鮮樹枝給鸚鵡等鳥類啄食。

養貓、養狗，體驗大不同

（Philis Andre安德・菲莉絲女士養貓與養狗的訪談實錄）

　　菲莉絲・安德女士，今年六十八歲，患有憂鬱病史，目前精神穩定，定期服藥，養一隻小型的混種犬。她曾經養過五隻貓，前後二十年。自西元兩千年之後，開始養狗。她養過兩隻狗，已先後離世。基本上她喜歡貓，也喜歡狗。不過自從她開始養狗後，覺得和狗比較有互動，決定繼續養狗。

她本身有憂鬱病，曾是我照護的病患，後來我們成了很好的朋友。我家狗狗在我們出門度假時，都是請菲莉絲照顧的，對狗狗來說，也是度假。因為她過去的兩隻與現在她養的狗都與我們家剛過世不久的狗狗希拉蕾相處融洽。

　　問者是我，回應時會用「良」作為簡稱；答者是菲莉絲。

問：妳養過貓，也養過狗。妳比較喜歡貓，還是比較喜歡狗？

　　答：基本上，我喜歡貓，也喜歡狗。過去我因為要上班，沒有時間與動物有時間相處，所以養貓。因為一開始養貓，也喜歡貓。所以，一養就養了二十年，幾乎沒有間斷。貓比較獨立，不需太多與人的互動。牠們喜歡玩自己的，對妳有興趣就會過來，沒有興趣就走開。人不能強迫貓什麼，也無法有太大的互動。

問：狗呢？妳怎麼會開始養狗的？

　　答：自從我先後養過的五隻貓走了以後，那時我的婚姻正好出了狀況，我發現我的先生有外遇。當時，我的心情非常差，精神上很悶，我很想再養動物，當時住慕尼黑，就到慕尼黑動物收容所去。我看上一隻小型短毛的狗，很喜歡牠。動物收容所的人告訴我，這隻狗叫Tshikita，是和另一隻狗狗Jenny一

起長大的，牠們兩隻是一起被送過來收容所的。如果我要養，不能只帶走一隻，要兩隻一起帶回家養才行。他們要我好好考慮。我回家和我先生討論。他說，只要牠們讓我快樂幸福，他個人不反對。於是，我不加思索地帶著兩隻狗狗回家。牠們就是妳過去也認識的Tschikita和Jenny。

問：養貓與養狗的不同是什麼？

答：養了狗之後，我發現他們與人的互動比貓多很多。當時的我，因為婚姻亮紅燈，很低潮。我非常感謝我有那兩隻愛我的狗狗陪我，不然我不知道要如何度過婚姻的危機期間。當然那個時候，我精神恍惚地帶著狗開車亂跑，漫無目的的開，開了好幾天，無家可歸，有家歸不得之感，讓我厭世，不想再活下去。

後來，我被收容到遊民之家。那裡環境很差，說真的，當時我真的覺得，寧願死了算了。最後，因為厭世很想自殺，社工人員把狗暫時給了一個婦人照顧，因為醫院不能養狗。社工人員因為我有憂鬱症病情，把我轉到精神科病房。精神科住院期間，我接受治療，也急著出院再與我的狗狗在一起。兩隻狗狗就像我家人一樣，是我的最大的精神依賴。我記得，我每天都急著出院與我的狗狗團聚。

後來因為沒有急性需要，他們幫我找到可以養狗的也有治

療憂鬱症的療養居處。

在那段期間，雖然只有一、兩個星期，我的精神狀況大有改善，所以就轉到可以養狗也可以長期居住的慢性精神病患的療養寓所。那是個與其他慢性精神病患一起居住的公寓。而妳，就是照顧我的護理人員。

後來，我精神狀況好多了，在妳的支持下，我重新拾回對人生活下去的信心。用過去忘記申請理賠髖骨置換的保險理賠金，申請理賠，終於買到現在安心可以居住的小公寓。

狗狗給我的幫助很大，無法言喻。

狗狗不計得失，我們彼此相依為命，他們也不會嫌棄妳是否有錢，只要我們給牠們愛與關心，牠們都會貼心忠實地相待。不論我到哪，我都會帶著狗狗，因為他們就是我最愛也是最愛我家人。

有狗狗陪我，讓我安心，讓我不會孤單害怕。

我可以什麼都對牠們說，過去我很有錢的時候，與有錢人社交；現在我沒錢了，我不會想去與他們來往，狗狗不會在意這些。他們在我有錢時，和我沒錢時都一樣看待我一樣愛我，這是我覺得最讓我珍惜之處。

問：後來狗狗死了之後，你會不會不想再養狗了？

答：不會。原來那兩隻，都是老了，自然走的。他們走得

很自然，一隻是在家中抓扒不停，我抱著牠，牠撐不住，很平和地死在我懷中。另一隻，在散步的路上，突然腿一軟地癱軟在路邊，還好離家不遠，我抱起牠，慢慢走回去，在家中安詳過世。我想，牠們都好好地走，不用安樂死，我也就不必忍受人工不自然的死亡，這倒是給我最大的安慰。

現在這隻Tusneda目前七歲。我不知道會不會養到牠死，總之，我很喜歡牠，牠很善解人意，我很滿足有這隻小型狗。這次我到新堡的收容所要收容牠時，他們看我沒有錢可以繳絕育費用與行政費用，就免費讓我收養。之前，我也帶我的狗狗去做過義工，他們知道我的經濟情況不好。這個收容所的負責人使密特Schmidt人很好，我前一陣子，心情非常低潮，很想死，一時衝動把所有身邊的藥物都一口氣吞了，然後昏沉沉地，為了我的狗，我還打電話給救護車，請他們幫忙狗的照料。之後，就不省人事了。

在醫院醒來後，才知道沒死，住在急性精神病房中。狗狗被送到新堡的動物收容所。我不知住院要多久，後來麻煩妳把狗帶回家幫我照顧。

問：是啊，狗狗住我家五個星期。其實新堡的收容所負責人，他很關心妳。他本來可以為了狗狗福利，不讓妳再養狗的。因為妳情緒不穩，做出傻事來，狗狗也會受遭殃。但是他

很人道，知道妳很需要狗狗陪伴，所以讓狗狗繼續讓妳飼養。因為狗狗當初是從他的收容所被認養出去的，他有責任要承擔這隻狗狗的歸屬責任。他要成就狗的動物福利，但也考慮人的病況與是否穩定。這個，對愛狗的人都很掙扎。他當然希望，妳病情穩定，不可再一時衝動，自己想死，就棄狗狗於不顧，更希望，妳為了狗狗好好珍惜生命。

答：是啊！我真的要好好保持身心健康，才能照顧好我的狗。目前我都乖乖服藥，也吃降壓的藥，保持情緒穩定，每天都帶狗狗散步，該看醫生就看醫生。為了Tusneda我要堅強地活下去。

賞魚讓你身心安定

　　一位美國的精神科學家Aaron Katcher曾於1983年動物與人關係研討會中提到，動物對人的精神與健康可以有很多良好的影響。

　　現今社會有許多人養寵物，花在寵物身上的費用也與日俱增。但在研究上，大部分的研究都很少做家中動物對人類比如嬰幼兒，老人及弱勢傷殘或遊民的影響。很長一段時間我們人

類對其他野生動物的研究比家中動物對人影響多，人到現在才了解家中的狗對他主人的言語理解比基因相近的黑猩猩理解人還要多。

即使是醫學界與心理學專家，他們對動物與人的關係也很少受到注意。他們多會用動物的形象表達來解析夢境，但對真實的人與動物的關係卻很少著墨。他們去研究，誰為什麼要擁有怎樣的動物？如果一個人買了動物，他希望得到什麼？動物會帶來什麼樣的關係？人和動物說了或怎麼說了那些話？家中動物如何反應家中不同成員不同的行為模式？有哪些特性會讓動物成為我們家中的成員？這些問題在七十年代以前從來沒有研究過，我們在此處可以就人與動物關係有正面影響的幾個因素來探討。

動物可以讓人身體健康

動物可以讓人血壓降低及血液循環穩定，這個研究在七十年代晚期就已經漸漸廣為人知了。

研究人員也發現，在牙醫開刀等候室裡看水族館的魚兒游動比看一張海報更會讓人放輕鬆。研究者認為：看動物與植物不受干擾地悠遊於水中，是一種生物性對安全感的記憶。我們看到一般察覺到兇猛的野獸會逃跑的動物，牠們安然處於舒適的狀態時，會給人一種安祥地安全感。同樣地，人看到不被干

擾的動物如魚兒與植物在水族箱的悠游，也會有由然而生的安全感，這是潛藏過去對狩獵生活的記憶，安全舒適的記憶，在從觀賞水族箱魚兒游泳而得到，人的身心也因而感到輕鬆，這可從研究中參與實驗的人有血壓下降，心理感到輕鬆而得到證明。

救難犬可能救了你

流浪犬也會是救狗英雄

（摘自德國「人和動物雜誌的2015年第一季季刊」報導）

　　土耳其的流浪狗，在2014年12月6日至12月20日受訓後通過考試，正式成為救難犬的一員。他們經過70天總共1000小時的訓練。狗狗們必須有一定的安定性。剛開始的幾週，狗狗主人不僅要有理論，也要有戶外急救的訓練。

他們都必須到土耳其安他亞Antalya參加考試。他們的救狗團隊，已經受訓第五次。考試項目包括狗主人參加理論及帶狗到廢墟與平坦的地面尋找人。

當天理論考通過十人，實務考通過八人。

我們本地的德國的救難犬訓練人員說，要當救難犬的狗狗，也不能太大隻。因為在廢墟中，太重的狗反而不好，踩在石塊上，容易壓到埋在土堆中的受傷者，狗狗小反而更適合。狗狗要有十足的穩定性，能接受指令訓練。

救難犬是人類天使

認識本地的救難狗團體也很有趣，他們是在人來人往的大賣場，正在募集捐款，準備出任務時需要。

在一次看電視紀錄片報導也談到，救難犬的訓練，不僅是地震等大災難時需要，有些會被訓練來找失蹤許久的人，當牠們有聞到失蹤數小時或數天的人的味道時，也會給予特別的訊號。當天的電視報導中，就是一隻體型小的灰色約克夏完成了找人的任務，讓一位在森林中搭電動輪椅的老人，在失蹤數小時後，被即時找到送醫，救回一命。那老人家，在一個天氣晴朗的早晨出門，坐著電動輪椅散步。不小心撞到東西車翻了，他的急救鈴也摔了出去，他伸長手臂也無法拿到，森林中沒有人經過，於是他只好一直躺在那，時間一分一分地過去，等待

有人經過可以救他。可是時間過得非常之慢，他躺在森林路上的地上，一直沒有人經過，他感到越來越冷，越來越沒有希望。不知過了多久，他已不敢抱著希望，認為他就只能這樣死去。當他昏沉沉地等待中，突然聽到狗叫，讓他驚醒。

老人家的家人見老人好幾個小時上還沒回來，緊急找救難隊。救難隊員帶狗趕來，就馬上執行任務。在狗狗找到人完成任務後，這家人流著眼淚歡欣團聚。他們永遠不會忘記，狗狗是他們的救命恩人。據救難人員說，通常有三成的案例可以被找到。我們不要小看這三成的希望，因為目前人類科技確實無法做到，能有三成找到的機率算是非常高了。

狗對這些失蹤者的家人來說，算是最後的希望，失蹤者家屬在沒有其他可能的情況下，抱著最後一絲希望，希望狗狗可以幫忙找到家人。家人行蹤不明，不安與驚懼混雜的情緒，日日夜夜沒完沒了地持續盤旋家屬，沒有經歷過的人實在無法想像。而失蹤者如果一直被遺忘在人煙絕跡的世界一角，等待死亡的絕望啃噬著失蹤者，也讓失蹤者情何以堪。從充滿希望地等待一直到天黑，身體漸漸飢餓，寒冷到最後的昏死，是怎樣的折磨。

電視報導也呈現他們一次訓練救難犬的畫面。這次是另一隻在野外受訓中的救難犬，在受訓過程中，不見了。訓練人員，苦等數小時，找不到狗狗，後來請直昇機來搜尋。果真，

直昇機找到狗了，狗掉入一個一點多公尺深的洞中，爬不出來。訓練師與深洞的距離太遠，狗狗叫聲聽不到。一下子，狗狗就陷入深洞中，毫無蹤跡。可見，狗狗為了救人，有時出任務還有自身安危的問題。

這些救難犬在沒有救難任務時，狗狗也當探訪老人與殘障孩童的大使。週末假期，常常也被帶去探訪老人家或到特別需要他們的機構去陪伴老人家或需要他們的人。

在這看到，狗狗不僅是同伴動物，擅長發揮牠們的長處，牠們還是我們的救命恩人與陪伴天使。

給需要動物幫助患者更多的陪伴

　　有些需要動物陪伴者，因為疾病關係無法飼養動物，美國已經發展出一套社區協助系統，可以幫忙需要動物陪伴者繼續飼養動物，讓動物的伴隨提昇他們生活的品質。PAW是Pet are wonderful support的簡稱，他們組織的志工，會在社區幫助需要照顧同伴動物者。比如一些愛滋病患，他們的生活幾乎失去朋友的社會支持，被社會隔離，生活寂寞，他們除了要接受病痛

外，還要承受旁人異常的眼光。動物的支持，在這些病患的心理上有很大的幫助。動物與他們一起的陪伴生活，有著非常重大的意義。

但是他們常常因為身體狀況虛弱而不能帶狗狗出門散步，或是不能自己清理貓沙。美國的PAW的社區組織，在了解病患困難後，可以派遣志工幫忙帶狗散步或是清理寵物排泄物，減少患者養寵物的困難度，讓他們在生病的時候，能有動物相伴。這也是另一種社會互助網，讓病患不需再忍受人與人的歧視與排斥，動物的支持與互動，可以讓他們生活得更有尊嚴與生命的價值。

在兒童方面，動物的對他們日常生活的影響更大。比如一個必須坐輪椅的兒童，帶著狗到兒童遊戲區與其他兒童一起時。有狗的殘障兒童，因為狗的關係比較不會被注意到他的殘障的缺陷，因狗而更容易融入其他兒童的社會，適應新環境，從可能因殘障會被排斥，而到更加受歡迎。動物這樣當社會催化劑的功能，其實隨處可見，只要我們社會接受牠們，牠們永遠是我們的好朋友。

人也做不到的心理支持

　　德國患有與心理相關問題的疾病與病痛超過看診人數的40％。目前現代文明帶給人類的問題，很多是現代生活壓力造成的。動物在人類生活中，除了是吃食利用的經濟動物外，對人類的心靈部分確實有療癒的效能。雖然並不是每個人都適合動物的幫助，但在臨床上，只要人可以接受動物，幾乎都可以或多或少讓人的緊張緩解與減少生活的寂寞，人因與動物毫無

成見互動與被依賴，而獲得生命價值的肯定與心理社會支持。

目前歐洲與美國的心理治療師，漸漸開始運用動物在診所做輔助治療。這些心理治療師，體驗到動物在人的心理支持中扮有重要的角色，並有人類所無法取代的治療意義，在一些患者身上確實可以看到長足的進步。不過這裡要留意的是，很多喜愛動物者，順理成章地認為所有的人都可以接受他們喜愛的動物，這種偏見是需要修正的。

一般來說，動物輔助治療與動物接觸的機會有：

一、治療者帶自己的動物做心理治療。

二、治療者給醫囑，讓志工帶訓練的動物幫助人療癒，比如馬療。

三、志工帶動物去機構訪視住在護理或醫療機構的人或病患。

最有明顯進步的，常常是精神病房。很多病患在精神病房接受動物訪視而有長足的進步，有些不常與人說話的精神病患，看到喜愛動物，話語變多而且語句也變長，這些都是讓人感到神奇的醫療效果。這些精神病患在出院後，經常必須中止與動物接觸，而病情也深受影響。如果這種訪視活動能夠提供給這些病患居家生活的可能，將可能讓他們的病情穩定轉好。

個別差異

　　個人的正面經驗，並不能通用在其他人身上。不同的人，會產生完全不同的結果。況且人對動物的反應，是非常具有個別差異性的。這與人之前兒童時期及成人後的生活經驗有著直接的關係，還有要看個人對自己健康的維護都有相當的關係。比如亞洲或其他宗教文化對動物都有一套傳說，人類社會常常受限於文化而無法接受動物的本質與人類是相同的，對動物的厭惡與傾向遠離的文化，讓動物與人有刻意的區別與陌生感，這樣的社會就很難接受動物有正面的影響，用動物輔助治療在這種厭惡或刻意排除動物的社會，如用動物治療，會無法為社會所接受，除了是價值觀倒錯外，也因為無法接受動物帶來的歡愉而帶動生命品質提昇的可能。

　　每個人都有每個人的特質，同樣同種動物中的每隻動物也都有牠的個性與特質。一般我們知道的動物種類與特質，不能適用在所有的不同特質的動物身上。因為我們的療癒與陪伴正是利用這種不同的個別性的特質與不同的人做配對與療癒。把動物當個人的療癒功能的動物，就必須注重動物個人的特質。同樣是狗，有什麼人都可以撫摸牠、親近牠的狗，也有忠心耿耿而害羞的狗。有些人喜歡害羞的狗，因為牠不會一直要求被撫摸，也讓飼養者有一定的距離感不被叨擾。正如同每個人都有不同的個性，動物也有不同的個性，而不僅是人，動物本身

也需被尊重，才可能產生陪伴相處的正面能量。

　　人對動物的反應，一般來說是在兒童期為關鍵性的影響。在兒童期父母與家人對動物的態度影響，也影響兒童對動物的態度。成人之後，透過正負對動物的經驗，增加或減少對動物的反應。one size does not fit all。曾有養過狼犬者，他對鳥與貓可能就興趣缺缺。

　　而同樣是狗，他可能對某種狗較有興趣，對其他狗也產生不了共鳴。傳統中，如果與同伴動物就有疏離感，很少與動物做互動的社會，比如在台灣就很少有人會帶狗散步，或鼓勵孩子撫摸貓與兔子，認為動物會咬人或弄髒身體，這樣的社會價值，很難期待動物能帶給人有正面影響。即使兒童願意喜歡動物，如果大人反對，亦將削減動物與兒童相處了解的可能，而這樣教養下的兒童長大後，也就不太可能再接受動物，而受惠於動物的正面影響。

非人能醫人

　　我所以講動物是非人，是要突顯我們人多奇怪，把動物認為是非人類外的一種生物，可是事實上，非人與人的各項需求又是多麼接近，接近到我們非要用「動物」兩個字來說牠們，或者用人來定義自己，讓語言上所衍生的認知得到人與動物是有不同的意識。

　　當我們說動物時，包括不包括人本身呢？生物學上是的，

可是在功能性來說，我們為了不願放棄既得利益與不願面對虐待、利用動物的事實，所以我們就說牠是動物。在語言上我們好像把動物與人隔開了，但我們在生物上屬於同一類，是無需爭辯的事實。很多人要談宗教，很多人要談屬於人專有的思考與文化，我都不反對，也尊重他們認為人是不同於動物的觀點，只是這些人與非人不同的觀點卻不能成為我們壓迫非人，成為虐待牠們的理由，否則，我們自己不是有駝鳥心態就是法西斯主義者，是我們人類在自認為是「優等」的心態下要檢討的。不過，我們似乎也必須某種程度承認我們有這種心態，這樣我們才可能反省到：今天我們對非人這樣的對待合理嗎？

非人醫人的原理

為什麼非人能治療人呢？在街上的流浪狗都很溫馴，牠們也都能當醫生嗎？當非人的病人要有條件嗎？非人不用考大學就能當醫生，我們人卻要，很不公平對不對？那不是人不如非人了嗎？

其實真的探究起來，我們人真的是不如非人。想想看，我們對誰如狗狗對我們那般無怨無悔，像貓咪一般地體貼？誰一直在家等你？非人與人要有到醫療的關係，在專家的研究中，個別化的關係占最重要的因素。也就是你就是喜歡你家的那隻阿福，就是討厭或不喜歡樓上的那隻小白。如果你心情不好

時，看到阿福就有無限的歡喜，可是看到小白，你就是討厭，這也是人之常情。

所以，當治療性的非人，要有這個人的緣份最重要，不然就連看都不想看，強迫不來。

對無法用語言表達清楚或有身心障礙的人，如果他們沒有意願，也要以尊重他們為重，同樣的狗或其他非人也一樣，非人不快樂，不喜歡人或不喜歡特定的人，我們也要予以尊重，否則我們就是傷害牠。

還有，即使非人只是心情不好或沒有任何原因的不想服務時，我們也萬萬別強迫牠，牠不快樂，就沒有帶動讓人喜悅的氣氛，我們就讓牠在旁休息，不要勉強牠。

最後，治療或陪伴的時間也很重要，一次不要超過四十五分鐘。因為非人的感覺比人類大多靈敏數百到數萬倍，狗狗會因一下子接觸到太多陌生人，很快就感到疲倦。因此，讓動物隨性休息，不要強迫牠們工作，是很重要的原則。否則，動物在工作中累積太多不愉快的經驗與過度勞累，都可能出現無法控制的情況。如輕者會齜牙列嘴的警告人，露出不悅或不樂意的神色，不合作，再強迫牠可能會用低沉或兇悍的眼光看你，還有更有會咬人的情形，都有可能是我們太超過牠們的底線的原因。

最近台灣有些人把我們非人與人的友伴關係提升到醫病關

係上。幸運的話，成功是人與非人的快樂，可是如果對這套理論不清楚，也會帶給雙方負面的影響。每個理論要被證實當然要驗證，多少會有幾隻不成功的實驗動物，但把人與非人關係在一知半解的情況下，或用做強迫非人與人建立關係，或在完全沒有關係的情況下，設想雙方是快樂的，這樣人與非人都不會真正快樂，是不負責任的做法，最後也就沒有任何效果，是從事這方面工作者要非常謹慎的。

其實台灣要做這方面的工作很不容易，與國外已具動物福利觀念下的基礎來比較，我們這方面的準備工作與須克服的事更多，我個人非常感佩這些人的毅力，但也希望能提醒從事這方面工作的人，不要高興得太早，多看看我們的人，他被感動了嗎？而非人受到尊重了嗎？

知道牠在說什麼嗎？

狗語班

　　人類應該對狗的語言有更多的了解，不要一直期待狗狗可以理解我們說的話。

　　只有真正看得懂、聽得懂狗說什麼，我們才能知道真正的動物福利，才能讓狗狗的自然習性影響到我們，給我們正面的影響。

初級班

★肢體語言及表情

你唯一可以了解狗狗的方式，就是密集地去了解及學習狗的語言，這樣才能了解狗想要表達的事物與學會如何與狗狗溝通。

狗狗就是狗狗，牠不能抽象思考，也就是不能想過去，以及展望未來；牠們活在這裡也活在當下。狗狗的表達經常是透過身體語言多於口頭語言。這點是與人類完全不同。當然這點也是人類學會語言前孩童與動物比較可以溝通的原因。

因為人與狗的不同，人類對狗狗的肢體語言經常也會產生很大的誤會。

我們經常將狗擬人化，其實是很大的錯誤。我們人類常常忽略狗狗用眼神、用肢體語言要傳達給我們的訊息，牠們經常被我們錯誤的解讀，而造成很多誤解。

我們人類因為自己也是人，所以可以從人的肢體語言感受到對方想要表達的情緒語言。而狗狗溝通通常多是用身體的肢體表達，如果我們沒有嘗試去了解，可能會以為狗狗不聽話或無法馴化。既然我們把狗當成同伴動物，就要了解其習性，才能和諧相處。

★習性

狗是大自然中的獵食者，長成後並不需要刻意地保護牠。

牠需要的是群居的生活，會把家庭成員當成是牠的群體生活中的成員。牠無法長期忍受一隻狗的環境太久，如果家中常常沒有人，這對牠是個很大的精神虐待。牠們在群體夥伴中會自己去找強弱的順序而自居。

狗狗自懷孕期間六十三天後出生，出生九至十二天以後才會張開眼睛，出生後十五天到二十天才有聽覺。通常在母親身邊吸奶三週，之後母狗漸漸減少奶汁，而給幼犬自己吐出的食糜；出生七週或八週以後，狗狗就可以正常進食。通常兩個月後狗狗會給其他人家，而過與人類共同的夥伴生活。一般來說，與狗很接近的狼，牠們長成後，是生活在狼群中，沒有被人類馴化。

★狗狗小時候

小狗剛出生時，是眼睛瞎的，耳聾的，根本還不會走路。所以剛生出來，會有尋找的反射動作。在狗狗出生十二天內，如果幼犬落單，牠們會哭號，母親會把牠帶回來群體中。剛開始兩週的幼犬，每天就是呼吸、吸奶、睡覺。母狗也會經常地用鼻子及舌頭舔來按摩幼犬的肚子、背部還有側邊，直到幼犬的膀胱及消化器官的肌肉可以自主收縮為止。沒有母親的按摩，幼犬自己無法自主性收縮肌肉。母犬用舌頭舔幼犬脫落肚臍，也讓幼犬學會，當母親需要時，牠必須乖乖安靜地仰躺著給母親舔肚子。這是所謂的照顧者強勢。

★鼻子

狗狗的鼻子可以比人類敏感一百萬倍。狗腦中的嗅聞中樞也比人類強四十倍。用一秒鐘六次的吸入來嗅聞辨別。狗狗敏銳的嗅覺也讓牠們可以用嗅覺尋找到失蹤許多天的人。嗅覺也是因為它的敏感度而讓牠們很容易感到身心疲累的器官。這使得當牠們在雪崩的尋人任務中，經常必須執行二十分鐘的任務就要休息，讓狗狗得以恢復疲勞。

★做記號

排尿與糞，扒土，及摩擦人或物。

★尿

排尿，可以讓別隻狗知道，排尿的狗本身是怎麼樣的狗，聞別隻狗的尿也是讓狗知道別隻狗的狀況。這就像人的問好一樣，我們見到人看人臉色，看他說話語調而得知這個人情況怎樣。一樣地，狗狗排尿與嗅聞別隻狗狗的尿，就是在了解別隻狗的年齡、健康及性別等狀況，也表達自己的狀況。我們人需要身分證等證件驗身，狗就靠尿液來嗅聞解讀。

狗狗因為對自己信心的強度也會影響撒尿的習性。幼犬會用蹲姿，牠們通常不會把排尿當成是在作記號。到了青少年後，狗狗就會把排尿當成是作記號。通常母狗還是會採用蹲姿，而公狗為了擴大排尿的範圍，通常會抬高腳。其實這點跟人類男人通常會站著來排尿，似乎也有異曲同工之處。

排尿可以讓別人解讀，也可以讓狗狗自己讀，在牠們出遠門時，尿液一直是讓牠們可以找回回家的路的根本指標。另外尿也可以顯示狗的生活圈範圍。狗狗不需要錢買地購屋，牠們用尿標記就表示這是我的，我來過之處。有自信的狗，就喜歡到處標示，標示得越高越遠越好。所以就會有狗要抬高腳把尿噴得越高越遠越好的舉動，或是公狗到處在屋裡滴尿，目的就是要標示這些都是我的勢力範圍，別隻狗別想挑戰。

　　美國一位研究狼群的動物學家發現，狼群的尿液也有與狗狗同樣的功能。牠們甚至可以從尿液中判讀出來，用尿導讀牠們群體的狼群，找到必要的救援訊息。

　　不同群體的尿液，也可讓不同狼群自動分類別，阻嚇不同群的狼群的狼入侵。

　　在狗狗的群體中，我們可以常見到狗狗如果是同一族群的，可以彼此尿在上面，沒有問題，沒有誰大誰重要的問題。有些母狗，也可以接受狗與狗尿在彼此旁邊沒有問題。尿液重疊，更可能顯示是大家是一家人，有共同的領導者的意思。

　　有些狗狗會聞來聞去，聞很久還不確定要在哪裡尿。這可顯示出這是一隻非常有主見的狗。有些狗要找一個地方，是別隻狗尿過的，而牠要尿在牠上面；有些狗要找一個還沒有被尿過的地方。有時牠們會舉旗不定，不知哪比較好。有些狗狗尿過一處後，會轉頭看看主人，牠的意思其實是要告訴主人：你

看到了嗎？這是我的地盤。

★扒抓地面

狗狗可以透過狗腳掌的排泄汗水而讓土沾黏上牠的汗水味道。牠努力扒土可以讓腳掌汗水留在土裡，讓別隻狗聞到。牠如果知道附近有狗，牠四腳直立的站姿與發出來的低沉吠叫聲音，都可以告知其他狗，我可不是好惹的。

★打招呼

狗狗打招呼，通常會先鼻對鼻，然後聞一聞對方屁眼處的味道，以做為鑑定對方的特質。有信心的狗會揮動尾巴，讓味道散布出去，有些沒信心的狗會用尾巴蓋住或走開。如果都覺得有意思，雙方可能一起奔跑一起玩，沒意思就會跑開。

遇到狗狗雙方都不喜歡對方時，狗狗會假裝變大，比如豎起毛來，尾巴翹得比背部高。這時，帶狗狗散步的主人可以各自叫自己的狗，或牽走各自的狗，不必讓牠們有近距離的對峙。

如果比較弱的狗要跑離時，經常那隻遠遠跑來的狗會更有興趣，因為要逃離的物體更引起喜愛獵獲東西的狗的喜愛。當強勢的狗過來時，這時主人可以牽走狗，若不行就站在兩隻狗中間，驅趕那隻強勢狗。這樣不但讓弱勢的狗鬆一口氣，也增進主人與狗狗的主從關係。

兔語班（初級班）

★生活習性

兔子是自然界為了逃脫天敵，以免被吃食的動物。所以，繁殖很多子代，是牠們為了繁衍下一代的自然現象。

兔子為躲避天敵，容易緊張，喜歡躲藏。所以要提供有隱蔽性的地方，以便牠躲藏，才不會讓牠們長期處於緊張的狀態。

兔子是群體的動物，但也容易打鬥。兩隻以上公兔在一起，容易發生爭鬥。若公母放一起，會迅速繁殖。為符合習性飼養，又避免大量繁殖，最好結紮。公母兔性別，幼兔時不易分辨。一般結紮，多選擇結紮公兔，結紮手術較簡易。

兔子腳踩鐵籠，容易受傷。如果一定要飼養於鐵籠，務必舖腳踏墊。

★營養與健康

給予牧草很重要。餵食牧草，一方面可磨牙，減少牙齒過長無法咀嚼的問題，另一方面也提供營養。蔬菜水果都可餵食。

充分的提供水分，非常重要。很多人誤以為兔子不喝水，其實是錯誤的觀念。

★禁忌

胡蘿蔔不能當主食，不能餵食太多。胡蘿蔔餵太多，容易會有維生素A中毒與澱粉過多的問題。

運用動物性的溝通理解

　　近年來的很多科學家的研究都已經證實了，動物與人在各方面，比如基因、用腦過程與行為因素都與人很相近。2003年在德國德烈斯登「動物與人」的展覽會上，更打破了一般人們深信，人類與動物有根本性差異的許多觀念。這些過去牢不可破的觀念，經科學驗證後，其實正在慢慢崩解中，「人到底什麼開始才算是人呢？」讓科學家越來越沒有辦法回答。過去人類深信，只有人才會用工具，但在觀察黑猩猩的行為研究中，我們也看到牠們會折斷樹枝，拿它來釣香蕉；黑猩猩及其相近的動物家族也會用石頭或木塊敲打核果，使之打開。至於語言，牠們只是缺乏與人類一樣適合像人類說話的聲帶而已。有些黑猩猩家族的動物交配是面對面，相互之間搔癢所發出的聲音，也讓人很難不聯想到是笑聲。2004年展出的動物與人溝通的展覽中，動物之間的溝通及動物與人的溝通共同性是如此之高，這在二十多年前的科學界是難以想像的。

　　另外，在人類社會化與道德的方面，強調的利他主義，也在動物社群中看到。比如幫助他人，照顧幼小，渴望看到對方，以及需要成為群體的一分子的行為規範。行為學家埃保菲特Eibl-Eibesfeldt也注意到了動物也有相近的社會規範演進，比

如分享與分配的行為。埃保觀察到人類幼兒時期,即開始會用「給予」與「拿取」來分享。他觀察到小幼兒可以一天好幾次用給予與拿回東西給有意義的人來做對話。給他食物者是讓他感覺友善的人,也是嬰孩需要與他取得接觸的人。這樣也就會讓人想到,貓咪在家門外抓到老鼠,特別會把老鼠擺在門口,讓與牠同住者知道的牠抓到老鼠的意義。這樣的行為是不是可以類推貓咪要與人類的「分享」對話。

如同以上談的,動物與人的差異性的減少,已經透過行為研究得到很多證實。因此人類嬰兒時期尚未有社會化規範時,其實是有更多的動物特質存在,也就是說,動物性時期的嬰兒對動物的溝通是用動物直覺也是用仿效性的Analog溝通,所以動物在嬰孩時期或幼兒階段對人格塑造的影響絕對是有意義的,相較於嬰兒與學語言階段前的幼兒對動物的溝通及幼兒對成人的溝通,他們對動物的溝通也會來得好,可以說是動物期的溝通是不言而喻。

另外,在人類成長期四到七歲之間有擬人化時期,這個時期應該也是人類要脫離動物性時期,在發展上幾乎把所有事物都擬人化。這個也可以解釋,擬人化時期其實是由不會用語言到會使用語言以後,把動物性用語言與思考表達出來的一種發展期。

動物對兒童有不可抹滅的影響力，因為基本上他們的同質性很強，動物與兒童的同質性比成人高，這在兒童精神科方面，兒童無法用語言表達的方式談內心問題，而動物經常可以對兒童的巨大影響力，這是很多其他傳統醫療無法比擬的。有些研究是很難從研究中有精確數據與量化，但是一些實務經驗中，動物在兒童的教育，精神與醫療上都有無法取代的地位。

二、和毛小孩一起成長

動物醫生神奇的力量

　　曾經有一個女孩，她的母親過世了。她躺在床上不與任何人說話。她的父親叫了許多醫師過來看她，但都幫不上忙。有一天一隻貓進了她的房間，坐在她的床上，跟她說：「摸摸我！」那個女孩毫無反應，那隻貓再說一次：「摸摸我！」但是那女孩眼睛直直的盯著牠。那隻貓於是坐在女孩的胸部，發出喃喃低語的聲音並且用牠的尾巴在女孩的鼻子上搔癢，女孩

笑了也摸了摸那隻貓。然後她站起來，低鬱的情緒也痊癒了。

　　曾有一位老人，對他的生命不再眷戀，也不抱任何希望，他再也不煮東西吃，也不再走出門外。有一天來了一條狗，對他說：「我餓了。」那個老人走到廚房，煮了稀飯給牠。吃完飯，狗對他說：「幫我理一理毛。」那老人拿了把梳子，梳理了牠的毛。當牠的毛梳出了光澤，那隻狗說了：「帶我去散步。」那個老人戴上了帽子，與他外出去散步。那隻狗非常喜歡這樣，就這麼留在那老人的身邊，那個老人從此快樂起來。

　　曾經有個人，他做過許多壞事，被關在監獄中。在監獄中沒有人親近他，因為他經常打人，也常逃跑。有一天飛來了一隻鳥，停在他牢房的窗邊，唱了一首歌。那人拿了一點麵包屑給牠，牠嚐了嚐好吃的麵包，隔天牠就再來到他的窗前。後來牠穿越鐵欄杆，停在他的肩上，用嘴尖逗玩他的耳朵。「再來喔！鳥兒，停在我身邊。」那個人這樣說著。那隻鳥就這樣常停留在他那兒。自從那時起，那個被關在監獄的人變得和善，而且大家也都喜歡他。

童話故事，科學實踐，古老醫學，現代新定位

　　以上這些都不是童話裡的故事，而是真實發生的事。以動物做支持性的治療，開始於美國，在實際的科學應用上已有令人驚訝的成果，也漸漸在各種不同的領域開始受到重視。在幾

個世紀前，人類其實就知道「動物會讓人的心愉悅」，比利時早在八世紀時就有用動物作為醫療的目的。

十八世紀時，在英國夸克（Quaeker）所成立的精神病療養院中，患者照料花園的植物及擁有小動物。兩百年前的修士York就曾推薦過：「禱告與動物可幫助心靈的苦悶及身體的不適。」

十九世紀，德國有一家癲癇中心叫貝特（Bethel），這所醫療中心在最初時就相信動物是一種復原的力量，也允許用狗、貓、綿羊及山羊作為醫療的輔助。這些古老的醫療方式，要不是被遺忘就是如同貝特醫療中心一樣未被詳實記載，因此在科學的研究上似乎未具有任何價值。這古老的醫療方式，其所深藏的神祕智慧其實有必要由現代的科學家重新發現再定位。

動物對人的醫療：身體、心理、人格社會化

在實際的研究中發現，以動物作為醫療有非常好的效果，說是一種革命，絕對不誇張。不僅是在醫療中更可推廣至教育，還有人格社會化及人格社會化的重建；現今歐美國家有一種新的意識，認為動物之於人，不僅是提供人類肉品的關係，或減輕壓力與陪伴人的功能，牠並且具有協助及復原人體的功能，這種想法已在全世界形成一種新觀念，也是一種運動，在德國也不例外。

六〇年代時，才剛開始有一些這類的文章在少數的報章雜誌中出現，在當時還被一些科學家訕笑。自1969年美國兒童心理學家Boris M. Levinson將他把動物作為輔助治療者的經驗著書後才突破了瓶頸，之後許多的科學家來自不同的角度及相關健康的行業，如雨後春筍般地開始實驗及報導記載。心理學家夫妻檔Sam和Elizabeth Corson，社會學家Erika Friedman和醫師Araron H. Katcher發表動物對病人及對人寂寞時的復原效果，在全球的醫療界引起了相當大的震撼。「動物輔助治療」成了「人與動物關係」研究中的一個非常重要的概念。在八〇年代初期，Pennsylvania獸醫大學就有大約整整四十頁相關議題的介紹。

　　七〇年代末期，來自英美各界結合醫學、行為研究、心理學、心理治療繼續以「人與動物關係」為主題做研究。1980年他們共同籌組了一個以「人類／同伴動物關係」為主題的研究會議，在倫敦首次舉行，讓許多的專業及非專業的人都為之振奮。至今其會議的旗下組織包括美國、英國、澳洲、法國與奧地利。八〇年代甚至東歐也表示了濃厚的興趣。

動物輔助治療的實際效果

　　香港也有以狗當「醫生」，到老人院去拜訪的活動，帶給老人莫大的快樂。也曾有報導，英國的受刑人，因反社會化的人格，數十次進出監獄，不知悔改，多年的監獄生活，早已讓

她以監獄為家，她的社會支持系統完全中斷，許多親友早已遠離她。

自從她在獄中養了一條狗以後，她開始感到自己有責任好好對待牠，必須給牠一個安全溫暖的家，使她從此有了與牠建立一個家的想法。也因此她在獄中表現轉好，為了能早點回到正常的環境，與牠重組家庭。

動物治療中的騎馬治療，對腦性麻痺及先天性肌肉萎縮的病患，有非常好的復健效果。瑞士的保險公司甚至必須給付騎馬治療法的醫療費用。在兒童的口吃及語言上易有左右方向混淆的問題中發現，騎馬的節律與帶動的協調對這類問題有莫大的幫助。

醫療人類是非常耗能量的

動物的訪問活動，在瑞士相當普遍，不僅拜訪監獄的受刑人，甚至拜訪精神病院。有些精神科醫院還允許院中飼養動物，以照顧動物作為復健治療的方式。還有帶動物參訪心智殘障的兒童或以動物協助自閉症或其他身心障礙的兒童，甚至他們也帶動物去拜訪臨終的病房，讓終年躺在病床的病患擁有同伴動物的親舔安慰。所有參加拜訪活動的動物都需接受一定程度的訓練，拜訪的動物必須要有主人陪同，時間多不超過一個鐘頭。大多的動物拜訪回去到家以後都疲累不堪，可見動物對

身心傷殘病人的精力的付出，超乎我們的想像。

　　我們發現，動物有我們意想不到的力量，讓我們的生命展現與動物一般自然的生命力與回復動力。至今許多研究人員並不清楚人與動物的親密關係的復原力有什麼機制可以解釋，對一些醫療或需做身心矯正的病患，何以有如此大的助益。但許多臨床的實例，的確令人不敢對這樣的結果漠視。或許在不久的將來，動物將成為一個良好的輔助治療師。

小孩和狗狗有共同的頻率

　　一個朋友的孩子，是獨子，沒有兄弟姊妹，朋友夫妻都忙著餐廳的工作，沒有太多時間陪伴孩子。這個獨子從小與狗狗長大。孩子唸書給狗狗聽，也幫狗狗刷牙、理毛。

　　朋友說，她相信孩子可以比成人更能辨認清楚動物臉孔的說法。她說，在孩子大概是兩歲剛會走路的時候，孩子常常在河邊玩，她經常聽到孩子對著每隻小鴨子叫名字，他常聽到小

灰、妹妹、阿強等呼聲，也聽到孩子跟鴨子親切說話。

　　有一天，她看到孩子躲在被窩裡不出來，她以為他生病了，看他躲躲藏藏的樣子，掀開被子一看，竟然看到一窩子的雛鴨在他被子裡面，他說他怕鴨鴨在冬天會太冷，所以帶他們到暖暖的被窩中。

　　他的孩子成人後到了加拿大，有鄰居的小狗很兇，也常會咬人。他卻一點也不怕，進去鄰居家伸手就抱小狗，一點事情都沒有。鄰居小狗主人都很驚訝，他是唯一不被他家狗咬傷的人。這也證明，他是狗的兄弟，一點都不假。

　　我家丹尼，出生的第一個會講的單字是我家狗狗的名字「希拉蕾」。這比爸爸、媽媽的發音都難，他卻可以第一次就說得很清楚。我家狗狗很怕生也怕人，對丹尼的撫摸，卻也很少拒絕。我有時要摸我們家狗狗，可能是方法不對，牠常常還會閃開。

　　雖然我們家狗狗因為性格怕生和孩子的互動不多，不過，丹尼還是很喜歡動物，也對狗沒有天生的恐懼。丹尼不但喜歡狗，也喜歡貓。看到貓來，他會溫柔地蹲下摸摸貓，我發現動物都會感到他的善意而讓牠摸，而我就沒有這個能耐。

　　有一次我們全家度假旅行到蘭嶼，路上有一個狗籠，上面掛著紙牌，寫著不要靠近。丹尼走過狗籠，就被沒有關上門的狗狗衝出來，狠狠地咬到屁股。那隻狗即使在籠中，還是有拴

上繩子，僅有一米長的繩索，可能是狗狗暴躁的原因。當時，丹尼只有六歲，被咬到痛得大哭。我們不知道是誰家的狗，趕快帶去給衛生所醫生看，皮膚被咬傷，打了消炎針。後來我們請警察處理，希望狗主人能注意路人安全，養狗人還怪我們走太近，說他們已經有寫警示牌子。

我家老公是德國人，為了公共安全，他希望警察出面告知養狗者，要能負責任，不應把責任推給路人，如果是更小的孩子走過，咬傷臉部或眼睛不就更慘。我本來不想把事情惹大，不過，德國人想到公共安全，不能再讓事情發生第二次也對。於是警察出面後，狗狗與狗籠被帶離開。

丹尼被咬傷後，雖然不能下水玩，但都沒有聽到他對狗有怨言。之後也沒有改變他喜歡狗狗的性情，沒有因為被狗狗咬而怕狗，或討厭狗，是因為我們家中有狗狗希拉蕾，所以他對狗狗並不害怕，也有一點體諒吧！

最近老狗希拉蕾走失三個小時，狗狗不見了，他靜靜地聽了，有一點驚訝，卻一點也不擔心。他說，希拉蕾一定會回來的。他直覺地對狗狗有信心，雖然爸爸已經朝警察通知的方向去找了，我還是很不安心，六神無主。丹尼淡然處之，不知道他對希拉蕾哪來的信心。

不久之後，接到北安爸爸電話說，找到希拉蕾了。我只能說，感謝上帝，而丹尼卻覺得一切都很正常。他了解牠真的比我們成人還多嗎？

因為自然的信任而放鬆

　　動物會讓人喜歡，也會讓人討厭害怕。有些動物可以令你喜歡，有些動物你完全無感。人選擇與動物相處，對動物有情緒，但動物並不是藥物，卻能因為動物給人的影響而讓動物協助人。

　　德國一個天生左手蜷縮、走路一跛一跛的十歲丹尼斯，從小就做騎馬治療。丹尼斯騎在馬的背上時，左手拳頭會漸漸鬆

開了，父母從沒見過他左手也可以輕鬆放開，在馬背上他們看到孩子很喜歡在馬背上，歡欣輕鬆的乘坐，使他的手鬆開，在馬背上的時光，他的孩子是快樂的。這點父母是持正面與肯定的態度。

研究動物對人身體健康的契始

在七〇年代末期才漸漸有人注意到動物對人的身體健康有正面影響。美國社會學家Erika Friedmann當時是從事研究心肌梗塞發作後病人從醫院出院後可能康復的因素。

受追蹤調查者都有同樣的醫師指示與條件。在九十二人的調查追蹤中有十四位在隔年死亡。當時她猜測，可能與幾項社會環境因素有關。她也讓這些出院病患紀錄他們的情緒穩定度以及家中的家庭生活，比如婚姻狀況、孩子的數量、婚姻狀況、休閒嗜好與居家環境。問卷中並順便問到是否有飼養同伴動物，如果有飼養同伴動物，是什麼。

十二個月的追蹤，原本Erika Friedmann料想擁有比較弱的社會支持，會比較可能先死亡。但電腦資料分析中，讓研究者驚訝的是，調查分析資料很清楚地顯示第二個因素有明顯地影響，也就是病人家中有動物者的病患生存機會較大，而且比較健康。剛開始她與兩位共同研究者Maryland大學及精神科學教授Aron Katcher及Pennsylvania大學及精神科教授James Lynch都認為資

料不可靠，於是再完整地檢驗了一遍數據，結果仍是一樣。

現在他們必須去解釋為何人與動物在一起會比較健康而生存機會增多。最初的階段，他們以為是因為有出外空氣清新，與狗走路散步增加體力活動的關係。於是他們把飼養狗者與非飼養狗的人分別調查處理數據。但即使是分開調查，也沒有顯示出飼養狗與飼養其他動物有顯著的差別。也就是電腦分析中，飼養狗、貓、魚或鳥者所受到動物的助益都是一樣的。那麼是有飼養動物者，原本病情就較輕嗎？答案也不是。

最後他們在幾年的研究後，才找到合理的解答。他們讓實驗者在四種環境下測試其輕鬆與否。

他們用血壓來偵測其輕鬆與否。受試者有四種情境：一種是靜坐，一種是朗讀，一種是與陌生者談話，一種是讓受試者摸狗。結果是朗讀及與人談話會讓人血壓上升，靜坐可以降低血壓，而讓血壓降得最低的則是摸狗。

另外在Katcher教授又在另一個實驗中證實了，不僅是摸狗，而是只要有狗狗存在，就可以有效地讓人的血壓降地與脈搏變慢。他在他的實驗中，請鄰居孩童來朗讀書本。剛開始，孩童唸書時有緊張現象，血壓上升，脈搏變快。直到他請狗狗進場後，氣氛就變輕鬆了，孩童的血壓也跟著降低，脈搏也變得較慢。

他們後來又實驗了狗與人同時與不同時出現對孩子的影響。他們把實驗的男女少年分兩組。第一組是人與狗同時出現在男女少年中，與他們一起談話。第二組是只有人先與男女少年談話，之後幾分鐘後再帶狗狗進去談話。在整個實驗中，第一組的血壓明顯比第二組少年低。第二組少年剛開始很緊張，在狗狗進來後，血壓明顯降低。第一組的的狗狗被帶開後，少年的血壓轉而升高。第二組少年血壓雖有降低，但沒有降到如同地一組的低。另外這個實驗有要求少年不可以與狗在實驗中有互動，只有用眼睛觀看的可能。這在他們的報告中有特別說明。

　　直到1977年這個報告的出爐，才讓世人知道，即使是動物的存在就足以讓人感到放鬆，有減緩壓力的功能。

　　為什麼會讓人感到有輕鬆而有安定感？

　　動物一方面可以讓人對牠產生完全的信任，另外一方面也是完全陌生的個體。我們人類有本能要顯示我們自己可以駕馭掌控的界線。動物的世界是外界的一個世界，牠們生活在自己的世界，我們人類只有對之接受與尊重。人類之所以與牠們相處可以有樂趣或利用牠們，也是對牠們是異於人類個體而給予尊重的結果。現代研究顯示，讓我們得知，我們對動物有更好的理解，也是我們與動物世界之間的對話，這個對話也顯示，

動物對人的近與遠的關係存在，成就人與動物的對話與理解，藉由理解生活同伴與尊重異體陌生的特性，動物與人的互動就會產生一定程度的影響。

孵育這個本能也是父母與孩子的關聯。這樣的行為是一種友善而溫柔的對待關係，這種關係也可以在兩個成人的關係中成立，這個關係也是愛的來由。在鳥的世界中，牠們親子關係也有個人化的關係，牠們彼此認得，也有主動尋求接觸的現象。牠們彼此認識，也會消除別種幼雛得到照育的親情，這樣的關係也會發展到幼鳥從出生到可以獨自生活飛走為止。

在我們人類社會行為中探討的道德，在動物行為中也有被觀察到，比如互相幫助照顧幼小與受傷的弱者，尋求團體的歸屬，這些在動物都有相近的行為。人類行為中的共享與分配在嬰孩時期就會出現，一個八到十個月的嬰孩經常會看到他們把東西分給他覺得有意義的人，目的經常是要用友善的舉動來尋求與這個人的接觸。同理我們看到一隻貓咪捕抓老鼠，經常會看到貓將捕獲的獵物（老鼠）放置於主人家的門口，如果把它當成是跟人類分享行為一起並列來看的話，與人一起居住的貓咪放置獵物的目的，是否也是一種要與同住一起的人類分享牠的獵物的行為呢？

動物與人在一起的狀況，並不只是在教育與治療上具有意義。基本上，動物帶給人的意義，其本身就有意義。動物幫助已經被文明危害而疏離自然的人類找回抵抗力，它並不是用極端的印度式的抽象式冥想來尋回人類自然的本性，動物是用具體的方式來讓人類自己尋回與自然的生命基礎。

有動物陪伴長大，
孩子更樂意幫助人

孩子與動物的特殊關係

　　把動物當夥伴的孩子，成長上會比沒有動物陪伴的孩子好，性格比較開放，無論是把動物當成一個認同象徵，或者是當一個安慰的角色，一位有原則性與無法賄賂的教育者，動物都很適合。在研究中顯示，有動物陪伴的孩子，在性格上不僅

顯示更能負責，也比其他孩童更有同感與同情心。

真實小故事

　　我家的男孩，今年九歲，他比我家狗狗希拉蕾還小。他出生時，我家狗狗已經七歲了。我家狗狗本性很怕生，一般人總是很難靠近牠。每次丹尼要碰狗狗時，狗狗總是閃躲，丹尼也沒有與希拉蕾有很多互動。我以為，他應該不會很喜歡我家狗狗。

　　希拉蕾是我們家的一員，到哪我們都帶著牠，牠安靜不吵鬧的氣質，讓我們鄰居都很喜歡牠。牠總讓有一股可遠觀而不可褻玩焉的高貴氣質，丹尼雖然不常摸到牠，但會問我，牠怎麼會這樣。我說，希拉蕾來自台灣的動物收容所，當年看到牠時，沒有母親與家人，可能是這樣才對人不信任，顯得謹慎小心。如果當年我沒有帶牠來我們家，牠可能會被處死。我以為當年六歲的丹尼不能體會我說什麼，不久我看到丹尼眼睛泛紅，他很小心不讓我知道，用手臂拭過眼睛，哽咽地說：「沒有人要的狗狗，真的都會死……」

　　小丹尼漸漸長大，他在學校很喜歡幫助別人，個性開朗，班上老師及輔導員都稱讚他，丹尼是班上樂意幫助別人的孩子，如果是大家的事，他也不自私，第一個站出來幫忙整理環境。德國小學班上很多孩子都很被動、自私，不會想到別人。

我家小孩，卻樂意幫助別人。小丹尼喜歡幫助人的個性，或許是與我們家有希拉蕾有關係吧！

疼惜同伴生命，培養兒童幸福感

　　根據台北張老師中心近來發現，有「自己有自殺意念」的青少年，平均高達有八、九成之多。另有台北市與新竹縣國小四年級學生的研究，發現台北市學童有高達26.63％的學生有自殺的念頭，超過新竹縣的12.18％甚多。看到台北市學齡兒童有超過四分之一以上有自殺的意念，讓人心驚。我們的社會病了嗎？為何我們的孩子這麼小就想死？

當一個孩童有自殺意念時，他的原因很多，可能是害怕權威，無法逃避，逼得無路可走，也可能僅是好奇。兒童對任何事都好奇，對死亡當然也會，甚至結合少年時期向同儕炫耀的虛榮感。

　　一個真實的憾事就曾這樣發生：友人的表弟十二歲時在這位友人家自殺身亡。沒有任何原因，只因為好奇。

　　這位表弟當時是度假到這位友人家，他曾與友人當時十歲大的弟弟表示，他曾試過經歷接近死亡，用了哪些方式，感覺如何。在當時年僅十歲的小弟也是在他死亡後才透露，他曾對他說了數次接近死亡的感受，那位表弟就在他數次嘗試接近死亡的經歷後，最後讓他不慎意外，真的死亡了。

　　兒童與成人的發展完全不同，他們的世界是想像的，什麼都可能。他們可以把大象真的當老伯一樣，相信真的有虎姑婆還有聖誕老人。

　　兒童表達情緒的方式，大多不會用說話來表達，他們不知害怕之詞是用來形容害怕，可是他們會用動物給他們的印象來投射，因此他們會常以動物來作為投射，例如在兒童的畫中，經常可看到他們把爸爸畫成一隻熊，把媽媽想像成一隻馬，而他是一隻飛翔的小鳥。看他們畫經常可以知道他們心中的感受以及家人對他的角色是什麼，藉由畫畫表達投射他們心裡的世界。

人的發展階段中，有一個時期是擬人化時期，大約五到八歲的小孩，在這個時期都會把什麼東西都當成是有生命的，像人一樣有感情。兒童精神科醫師也發現，兒童在此時期會拿身邊的動物當他的同伴來看待。成人在語言思考成熟後，會用語言表達，卻也漸漸無法再重回兒童的感官世界，用感官去瞭解他們。在我們生活的周遭中，與兒童感官世界最近的，其實不是身為人類的成人，而是非人類的動物。因為牠們與兒童一樣不會語言，純粹用動物的本性在生活，因此牠可以知道牠的小同伴的心情語言，兒童與動物的溝通是無障礙，純粹來自天性自然。

藉由這一點，在做許多兒童心理治療時，動物就成了很重要的橋梁。兒童對動物沒有懼怕，也因此動物容易獲得兒童的信任，對兒童來說，貓狗和人是同等的價值，貓狗是他們的朋友，傷害牠們，就是傷害他們的夥伴。他對牠的友誼與相知是我們成人完全無法理解的。

兒童對成人世界的語言未能掌握，兒童對心理治療師也就很難建立信任的基礎，因此很難由談話中去治療小病人。但許多兒童心理治療師卻可從兒童與動物的相處中，得知他的問題所在，藉由他對牠無懼的表達而瞭解病童的問題。因此在國外近年發展以動物做兒童心理治療或矯正兒童行為的輔助治療。

我們台灣社會，兒童從出生到長大的同伴，同伴動物不

是被成人物化成玩具就是被人當成垃圾。他們的心目中的好朋友，很難維持他與牠的友誼。小朋友不懂，為什麼他們不能去幫助在街頭垂頭喪氣有皮膚病的可憐狗狗。

有時還看到人家用鐵絲吊牠們，用狠狠的方式甩牠們，成人聽到狗朋友的尖叫怎麼都覺得沒事？還說那是應該的，爸爸大聲咒罵狗，到底牠們有什麼錯？老師說，朋友要互相幫助，但他們不能理解狗狗在家門口的尖聲哀號，怎麼成人都不幫忙。

貓兒也是，常常被詛咒，被無故踢打，只因為牠們在晚上叫，偶而兒童看到貓、狗沒得吃，給牠們餵一點牛奶就被媽媽兇，嚇得小朋友膽顫心驚。

他們的愛護同伴的感情，常在那一聲責罵中嚴重挫傷。在表面上成人沒有用暴力打小孩，但是社會對動物痛苦的漠視與暴力，已深深地對兒童的情緒造成嚴重傷害，對兒童而言，他們的生活是無比的痛苦中，他們和動物的感情，是直接的將心比心。他們眼見一個個好夥伴被害卻無力幫忙，他們會不沮喪嗎？

一個對動物受苦視而不見的無情社會，兒童是不會幸福的，因為他們有太多對同伴的沮喪，是他們無法用言語表達卻真實存在的。如果當有一天他們學到生，學到死時，知道沮喪的痛苦有結束的時候，他們掌握語言後，輕易地就說出結束痛

苦的話來，是可以理解的。

　　只是成人活在語言思緒中，完全弄不清兒童憂鬱在哪，成
人的麻木不仁，已無形中殘害了下一代的心理健康。

（2003年11月18日）

狗狗幫助孩子學習朗讀

　　對牛彈琴無用，對狗朗讀卻能幫助孩子。

　　美國在十年前開始讓狗狗幫忙孩子克服閱讀障礙，現在在德國也開始了。德國的孩子相對其他國家的孩子來說，閱讀能力並不好，根據統計有18％孩童出現閱讀有困難的情形，美國閱讀障礙孩童高達40％。這其中原因很多，而孩童唸不好，懼怕是主要的原因。孩童朗讀的時候，在班上如果唸得不好，不

順，因口吃而停頓，常常會被班上其他孩子笑，現在有狗狗聽眾可以幫孩子減輕或去除學習朗讀的障礙。

一個美國Bill Ayers學者認為「害怕會影響智商的發展」，會不會朗讀，很多是跟害怕有關，無關聰不聰明。

孩童剛開始對閱讀的害怕其實是不大，每個孩子都有學習的興趣。但很多時候，學習同伴的譏笑常讓閱讀朗誦成了孩子的惡夢，也讓孩子失去了自我信心。

對狗狗發號施令，是一件很了不起的事。唸書給狗狗聽，也要念得鏗鏘有力，所以孩子唸書給狗狗聽，大多要求朗讀要清楚而有力，孩童念給狗狗聽，把狗狗當書僮，不會因為怕被嘲笑，而放棄練習與嘗試，不斷地練習與狗狗專注的傾聽，都讓孩子重拾了唸書認字的樂趣，也解除了自己會被譏笑的心理障礙，對學習相當有幫助。

德國動物幫助人的協會，他們希望讓動物正面的影響力傳給人類，其中的一項計畫就是，讓狗幫忙孩子閱讀。他們的義工平常已經有帶狗狗到老人院與有身心障礙問題的住所去探訪，現在更跨出一步，帶狗狗到學校去，幫忙需要克服學習障礙的孩子。

他們一週帶狗狗到學校拜訪一次，在圖書館或安靜的角落傾聽閱讀能力較差的孩子閱讀，幫孩子去除學習障礙。閱讀能力不好的孩子，每個星期都很期待義工帶狗來，孩童必須準備

好要念的文章，每次最多二十分鐘。這些狗狗的陪伴者義工，很多都是當母親與奶奶，有的是父親與爺爺，他們都有當陪同狗狗的義工經驗多年。

閱讀不管好不好，狗狗都不會嘲笑，也不會批評他，狗狗安靜傾聽的能力，讓孩子可以重起信心，去除害怕被笑的心理障礙，而讓閱讀成為快樂的事，狗狗每聽完一段朗讀，孩子可以摸摸狗狗，狗狗還會有獎賞，給牠好吃的喔！

參考資料：http://www.tier.tv/hund/aufzucht-und-erziehung/lernen-mit-den-lesehunden

馬也可以療癒你

另類療法──瑞士馬・醫療・矯正行為

　　在台灣風景區，我們經常可看到一個人牽著馬，讓遊客騎走一圈以收取費用，或是在馬戲團中看馬的表演。有動物保護意識的人，一定很清楚馬戲團動物命運的悲慘。過去在人的傳統社會中，馬一直是作為乘騎、搬運的工具，現今有各式各樣的交通工具以後，馬與人的關係也由過去運輸工具的角色轉成

賽馬賭博工具的角色。但對馬來說，不論是乘騎或搬運，都太小覷馬了。

　　瑞士近幾年來終於爭取到，要求保險公司給付馬療法的治療師費用，就是醫療界打破傳統醫療的一例。在現今的醫療中，人有很多疾患是無從痊癒的。傳統的抽血、生化檢驗、放射性檢查及各種各樣的物理化學治療，都有其極限。

　　歐洲最近醫療界做各種新的嘗試，發展各種別於一般傳統的治療方式，就是鑑於傳統療法的極致與無力。

　　長期以來我們將所有人力、物力資源都用來發展傳統性醫療，但卻對許多慢性疾患病人，如腦麻痺、肌肉問題（Multipler Sklerose）等病患的病情無所助益。

　　馬療法，起初是在二十年前，一位做殘障兒童行為治療的教育家葛女士（Ms. Gäng）發現的，她開始嘗試讓馬與殘障兒童共處，開啟了人與馬的治療關係的新頁。葛女士（Ms. Gäng）發現，注意力很難集中，重覆相同動作如前後搖晃身體的兒童，在群體中幾乎很難讓同伴接受的孩童，讓她與馬接觸以後，要她閉上眼睛，帶領著她，讓她用力地撫摸馬背，一直延續地摸到馬尾。

　　一次再一次地撫摸馬，這位兒童後來用她自己的方式碰觸馬，如以臉貼馬，用手不規則性的摸馬身，或用她的舌頭舔馬，以各種各樣的方式，隨她喜好地與馬接觸。就這樣葛女士

看到了這位女童的第一次例外。這位重覆前後搖晃身體的行為的女童，竟然維持十五分鐘沒有出現搖晃行為，這是自葛女士（Ms. Gäng）與她接觸以來，從未發生的情形。

其他類似問題的兒童與馬的互動，都使這類兒童的情緒或行為得到相當的改善。這使得她深信，馬與人的親密友善的關係，可矯正人部分的行為問題，可作為矯正行為的用途。

在醫療方面，醫師的臨床發現，更是令人鼓舞。

對於腦麻痺或慢性肌肉疾患的病人，因自主神經或肌肉張力的失調而使得病患無法正常走路，必須長期坐輪椅。

現在根據醫囑，藉由醫療師輔助讓病患乘坐馬，可有長足的復健效果。這種復健功能，是來自人在跨坐於馬背上時，由馬帶動人的雙腿前後擺動，其人雙腿跨開的角度、前後擺動的動作及由馬帶動的行走的節奏，都恰與人的正常行走姿態類似。

最重要的一點是，這類病患須要髖關節與大腿骨關節的微細而有韻律的按摩，才易有復健效果。視病患的情形，有些治療是必須要用馬鞍，可維持一定姿勢，有些則考慮與馬直接的接觸，更能讓肌肉達到鬆弛及按摩的效果，則刻意不用馬鞍來作治療。

這種由動物身上感受有韻律及直接按摩的效果，是沒有生命的復健機器所不可取代的。通常做治療時，多以冰島系的

矮種馬為治療性的馬，因為此類馬的個性較穩定溫馴，體形不過於高大。讓病患在馬上乘坐，接受治療時，馬的情況要非常好，其兩側要有相關人員相隨。一側要有復健師，另一側要有馴馬師的伴同才可做治療。治療時，必須讓馬載病患直直行走至少十五分鐘的路，才有復健效果。

在瑞士，保險公司必須全額給付腦麻痺及肌肉張力疾病（Multipler Sklerose）的病患馬療法的治療費用外（此費用不包括馬的飼養及照顧經費），其他脊髓性疾患的病人則可依不同程度，取得部分經費的補助。馬對人的醫療，可使人的肌肉及關節功能有明顯的助益，是其他動物僅對精神及壓力性疾患病人的醫療所不及的。我們醫療界鮮少注意的動物醫療，在現今人與動物的關係改變中，自然界的天使正在對文明的現代人傳達自然全真的治療奧祕。

讓動物成為孩子的夥伴

別忘了動物是孩子的好夥伴

　　動物是不是孩子的夥伴，與社會文化及教育都有關係。在亞洲或穆斯林社會，同伴動物在社會被關注與看待的方式往往與西方社會不同。不過，如果除去成人世界既有的規則，動物與生俱來就與嬰兒或幼童一樣的動物行為，很自然地就會讓同伴動物成為孩童最好的夥伴。

歐美國家對兒童親近動物的行為大多不會強加阻止，也不會威脅恐嚇，在大人的陪伴下，讓同伴動物能與兒童自然接近，也運用牠們自然的親近，讓兒童找到懂他們的夥伴。在他們未學會話語以前，他們與動物的同質性，讓動物教育與陪伴傾聽及輔導兒童，治療功能與效果也受到社會科學家的重視。

　　在西方研究中，很多兒童認為自己的同伴動物了解他們比父母兄弟姊妹更多，兒童可以跟自己的同伴動物分享自己心底的祕密，動物的耐心傾聽與不做批評責罵的態度，都讓孩童可以比較安然度過了充滿壓力的童年。

　　成人時常會用規矩與道德規範讓孩童無法釋放自己的情緒。孩童壓抑的情緒，經常希望可以有對象可以傾聽與分享。這些孩子抒壓的對象，不一定會找兄弟姊妹，因為兄弟姊妹之間有競爭關係，也由於他們年幼時期的成長階段尚未可以用語言可以表達出來，擁抱同伴動物與有同伴動物的相伴，給予孩童的幫助，是長久以來成人多所忽略之處。成人以後塑造的成人社會，其實並不友善孩童成長，他們失去對話與被撫慰的機會，同伴動物成了他們最好的朋友是自然的道理。

　　另外，《孩子的動物朋友》一書，兒童發展與家庭研究教授蓋兒・梅爾森在《Why the wild things are》（中譯本《孩子的動物朋友》）中提到，兒童略長以後，因為性別的認同，也讓男孩鮮少有機會學習到照顧角色。兒童透過照顧動物，這個沒

有性別認同區別的工作，可以實務性地的激發男孩對弱小照顧的能力，而不覺得被看成女性化的象徵。而讓男孩在小時候能學習照顧動物，發揮愛心，習得同感與同理心，對他們的成長來說，是非常重要的一環。

　　因為社會上一般對男性或許不期待與要求扮演照護的角色與能力，但是在工作與決斷事物時，一個人當下處理與判斷事物的本質，足以影響事件的發展，是否為人性化趨勢。對動物有同理心的孩童，長大成人後，由對動物同感而擴展為對環保與自然生態的關切，在歐美研究中都顯示有重要的關連性。

　　近年來各國都發生過殘忍的隨機殺人事件，例如在台北捷運的隨機殺人案，罪犯過去曾有虐待動物的行為。這些其實都在在顯示人格培養中對同類人類同理與同感心培育的重要。台灣社會，對成績分數的計較，遠勝於人格培養的部分，到處可見。

　　如果一個社會對動物的對待方式，是價值與利益取向，完全不尊重動物的行為需求，自然也無法培育出愛護動物的人格。例如，很多寵愛動物者，為了讓狗狗不要弄髒腳，而把牠們放在類似推嬰兒一般的狗推車上推著走。這種行為，其實並沒有考慮到，狗是不喜歡離開地面生活的動物，長期讓牠離開地面，已經違背牠動物的本性。使這些動物長期處於懼怕的狀態，這些因素對養狗者是不會被察覺與考慮的。

　　同伴動物從未獲得尊重的行徑，也讓我們看到台灣很多

人，不能再養動物時，隨意丟棄動物，甚至認為是放生的想法。棄犬太多，公家單位系統性的大量屠殺動物，都在社會上做了血腥的示範。

　　一個社會把同伴動物當無生命般地物化處理，是生命教育需要檢討的地方。許多人認為關心動物權益與關心人權有先後順序。認為關心人權應該為先，如果沒有人權何來動物權益。不過這些主張，實在有需再反思。

尊重動物，培養兒童同理心，
增進對環保與生態的關懷

　　因為就近年來歐美研究報告指出，喜愛與親近動物，可以培養兒童同理心，進而增進對環保與生態的關懷，當然也會關心其他同為人類的權利。其先後順序應該是，人先喜愛尊重動物，建立友誼，其後才發展成讓人有更多的人類關懷與生態關懷。

　　動物激發人類幼兒同理心性格培養，是從第一年的出生開始，關鍵期是人的第一年嬰兒期。在孩童於現代社會中，大多為小家庭的社會形態中，已讓兒童鮮少有機會學到與人及兄弟姊妹的人際關係時，再讓孩子從成人世界中把他們的夥伴關係的朋友當成物品或垃圾處理，不但增加孩童的心理衝突，也摧毀了孩童的同感心，讓兒童跟著成人學習物化生命，變成自私冷漠的特質。

動物是樂趣與健康的來源

　　動物帶給人的歡笑是比人想像的來得多，尤其是貓與狗讓孩童與家人一同歡樂，也增益進家人感情，讓孩童較容易交到朋友，也讓街頭陌生人較容易與人聊天談話。大人用言語教的，動物用情感表達與動作姿勢讓孩童會意。家中的動物可以分散孩童在學校所遭遇的憤怒及與家人吵架感到痛苦無法紓解的壓力。動物給予孩童的安慰，正是言語無法替代與比擬的。

英國Warwick大學的研究報告指出，動物可以使孩童更健康，而且比家中沒有動物的孩童更常上學。他們在一百三十八位的五到八歲孩童中蒐集他們的口水，並分析口水成分。他們發現家中有飼養動物者的孩童口水中的抗體值跟一般健康者最多也最為接近。另外，這些家中有四腳動物的孩童，在一年中的上學日也比家中沒有動物者平均多了十八天；這與瑞典研究西方國家兒童過敏原因的結果不謀而合。數千名孩童的樣本研究想要找出影響孩童過敏的原因。結果有兩個重要因素造成過敏：一、是家中有兄弟姊妹者較不會有過敏問題；二、孩童在一歲以前，家中有動物者，也比較少發生過敏問題或氣喘。不僅是狗，貓也一樣有可以減少過敏的問題。

　　這跟過去一般認為動物的毛可能較會引起過敏問題或氣喘的看法有絕大的差異。研究者再三強調：「第一年生命中接觸動物，與過敏問題與氣喘減少發生是有關連。」研究中繼續推理出，現今的家中沒有兄弟姊妹的獨子女，以及一般人對動物與小孩不適合一同居住的偏見，造就了西方社會過敏問題與氣喘日漸嚴重。

動物影響長大後的你

一位兒童心理學家Boris M. Levinson說：「動物可以幫助孩童克服在成長時所負有的困難任務。」

知名教育家Friedrich Fröbel：「兒童可以透過動物學會憐憫或者殘酷，而後的成人也會因動物的影響而性格悲憫、樂意助人或自私、或對相同的人類相殘。」

兒童尤其是兒童幼兒期與動物很相近，他們未長成被社會化時的特質與動物特質貼近，如同親近的親屬關係。未社會化的兒童有動物的特質，動物對他們的影響當然也就大。在很多地方可以看出，幾乎所有的孩童對動物都有一股親近感，他們喜歡親近動物，撫摸動物也喜歡與動物說話。飼養動物對兒童有發展上的影響，也就不言而喻。

理想上……

　　不管在怎樣的社會與地理環境成長，兒童都有相同的需求：他們比成人需要更多的肢體運動需求。比如他們需要奔跑、跳動與嬉鬧。即使是在城市，小孩也一樣需要有以上的環境讓他們可以跑跳與嬉鬧。他們喜歡在自然中遊樂，也喜歡自然界的東西。他們對自然界反應也比成人強烈，他們喜歡玩雨、土、水、雪、太陽與風。觀察自然界的動物、植物水火土，甚至親近嗅聞與撫摸動植物都會讓孩童感到興奮不已。

　　孩童的好奇、喜愛與了解新鮮的事物，都是透過遊玩而來。用遊玩來掌握他們全新的世界，歷經危險、冒險與風險是他們與世界互動與交流的方式。當然他們是需要成人來帶領教育長成。如果帶領他們的成人是比較沉靜泰然，自然也就能把孩子教育成一方面是很自由、自主，但另一方面也能負責任的人。

孩童會在孩童與成人之間尋求個人交流的興趣。他會去找自己有興趣的人與事物來接觸並仿效他們。孩童都想要用自己可以自主與自己擔負責任的方式長成大人。他們的探索空間也因年紀增長而變大，慢慢他們會找到一些對自己有重要意義的人，這些人也會在他們的童年有非常重要的影響。

現實是……

在現代社會，能符合以上條件的環境已變得很少，而城市能達到的條件就更少之又少。少子化的問題，讓獨生的孩童鮮少有機會得到正常的社會化經驗，也無法有良好的社會能力。有人稱之為「島嶼化的兒童生活環境」。孩童生活在成人世界裡，很少有機會與別的孩子相處，只在街上偶而與孩子碰面，孩子學習與各種不同孩子的相處的機會已日形減少。

因為孩子的減少，也讓成人社會對孩童的吵鬧與嬉鬧聲音的寬容度降低與耐心變少。城市地區如要建蓋一個遊戲區，遭到住民抗議的聲浪也因之而越來越大。

再者孩童要面臨的父母離異、單親教養與貧窮問題，都是現代社會給孩童的壓力。成人世界不斷地要求競爭與成績表現，也使成人的角色成了僵化的教育與教導者的角色而非朋友的平等關係。再加上成長環境的單調，例如幼稚園、學校設備毫無新意，都讓孩童失去了他們應該擁有的多樣而有生趣的自

然環境探索樂趣。

　　近年來的電動玩具與電視媒體取代兒童到戶外遊玩，也讓孩童活動量貧乏。我們可以看到這些活動貧乏的孩童，在肢體活動上發展有障礙、過重、各種身心發展障礙。甚至對空間與方向感不好，過於容易跌倒或造成意外傷害、具侵略性與暴力傾向。

　　孩童在文明現代社會中，幾乎很少再接觸到大自然。大自然在現今社會很少讓孩子親身接觸到，他們多是透過媒體而間接獲知大自然的事物，與大自然有親身體驗的機會實在少之又少。他們極少接觸到戶外自然的骯髒、土、小樹叢與其他與他們一起嬉鬧的兒童，我們就不能怪他們以後對社會事物處理能力的低落。

　　由於上述的現象，可以想見，現代社會中動物對兒童的影響是會很容易被肯定的。確實，動物在現今對孩童多項壓力中，是有重要貢獻的。

輕鬆一下，跟動物找幽默

　　動物在兒童世界的角色極為重要，一半以上的笑話都是與動物有關，這可從兒童的笑話看出。

德國九歲孩童Daniel的流傳笑話

　　一隻長頸鹿很驕傲地挺著牠的長頸，跟兔子說：

　　「我可以很享受我吃的東西，像那我咀嚼過的葉子，通過

我長長的脖子，讓我可以好好慢慢地享受，簡直是太棒了。我真是為我有這麼長的脖子感到高興。你就沒法有我這樣享受美食，哈哈！」

兔子聽了只是抬著眼看牠，然後說：「那請問你嘔吐的時候呢？」

九歲女孩童Amelie笑話

有一隻老鼠與老鼠媽媽一起散步。走在路上，突然間凶狠的貓出現在他們眼前。老鼠媽媽很大聲地汪汪大叫，不久就嚇走了貓。這時老鼠媽媽轉身過來對小老鼠說：「看喔，學外語很重要！」

八歲Lukas男童笑話

兩隻動物園的馬經過斑馬區，其中一隻馬對另一隻說：「你看現在都幾點了，那些馬還穿著睡衣。」

喜歡動物，增進學習力

抓太陽

德國太陽在冬天是非常難得的，即使有也感受不到它的熱力，一個朋友說得好，德國太陽好像是畫上去的。

趁難得的冬天星期天有陽光，我們常會被太陽騙出去，在攝氏三度的低溫中，穿上厚厚的夾克，我與先生兩個人騎著摺疊式的台灣腳踏車，讓狗女兒希拉蕾緊緊地在後頭跑，騎在綠

樹環繞的小徑上抓太陽。

　　說是抓太陽實在是太陽若隱若現地躲起來，我很擔心到了森林湖邊時已沒有太陽了。到湖邊時，太陽一會兒很亮，一會兒全被雲遮住，許多跟我們一樣出來抓太陽的人也出來了，有人一下帶兩隻或三隻狗出來，狗兒玩在一起，跳著牠們的探戈，理都不理主人在一旁的叫喚。我們希拉蕾很喜歡與狗朋友玩，有時還會作弄被牽繩不能自由跑的狗兒，惹得狗兒直想從牠的主人的繩中掙脫而出。

教小孩不可侵犯界線

　　今天我出去抓太陽，遇到鄰家女孩，她也出來抓太陽。她好喜歡希拉蕾，每次都自己跑到我們家來與狗玩。我們家希拉蕾不怎麼喜歡小孩，因為他們會高聲叫來叫去，動作又快，常讓希拉蕾敬鬼神而遠之。在戶外看到小孩，牠會跑得遠遠的，讓小孩的小腿跟不上牠，氣喘噓噓，這是希拉蕾最樂的事。

　　鄰家小孩是一個九歲的三年級女生，自認為是希拉蕾多年朋友，自她入學以來就常帶她的幾個同學來我家找希拉蕾。我家希拉蕾對於這麼多好動的小朋友，其實興趣不多，但她們來我也不好拒絕，所以就要她們輕聲講話，一個一個緩慢地伸手到狗鼻下讓狗狗認識，她們都覺得有趣極了。希拉蕾聞聞小手，抬頭看看，也就不再那麼躲著小孩了。

如果她們追著狗兒，狗兒躲在桌下她們還要硬闖，經我制止無效時，希拉蕾也只好使出真本事，做出不高興的聲音，或張嘴在空氣中吠叫一聲以示警，這樣的效果比我用言語警告有用多了，小孩自然從動物身上學到牠不高興、生氣，她們只有不再騷擾牠了。

教小孩尊重狗狗

有一次我與希拉蕾出門抓太陽時，經過一所附近的小學學校，正逢學校放學，一個矮小的男生，大概是剛上一年級，背著書包，很靦腆地走到我面前問我：「狗狗可以摸嗎？」那時希拉蕾在我身邊的草皮上，一付小心謹慎的樣子，我告訴他，我家狗怕陌生人，不喜歡隨意讓人家摸，這男孩就只好遠觀而不褻玩了。我很喜歡他這樣有教養，不會不高興就捉弄狗，或連問都不問地接近別人的狗。其實教小孩如何與動物相處很重要，尊重飼主與動物的意願都是必要的，如果一昧寵小孩，得不到就吵鬧甚至以欺負戲耍狗貓為樂，動物就會本能的示警反擊，小則嚇到小孩，使他們以後懼怕動物，大則受傷，大人為此生氣打貓打狗，也讓小孩學不到尊重動物。

動物幫助你的道理

狗狗在場，增進學習

英國Jennifer Limond研究唐氏症兒童（七至十二歲），研究中讓顏色大小相近的真狗和布偶狗交互與同一個狗兒照顧者帶兒童做遊戲，觀察兒童的學習狀況。結果是，真狗較能獲取兒童長時間的目光注視，布偶狗在場時，兒童對狗照顧者明顯地有忽略的情況，表現在非語言的活動中更明顯。如果讓狗兒照顧者與兒童說話，兒童回答問題的頻率在兩者中沒有差別，但答話的正確度，卻是在有真狗時答話的正確度高。證明：有真的動物在兒童的學習過程中，能引起較長的注意力，並能增加學習效率。

撫摸動物對過動少年　有絕對的正面影響

動物能治療並帶動過動兒童良好的學習力，在Aaron Katcher和 Gregorz Wilkins兩位的研究中得到證實。ADHD——Attention Deficit Hyperactivity Disorder，CD - Conduct Disorder是醫學上的診斷，患病者無法注意力集中，過動情況有六個月以上才能下這樣的診斷。患病者會常表示忘記，容易分散注意力，在細節上無法注意力集中。過動兒無法在座位坐定，無法控制地愛講話打屁，常會打斷別人談話，因為無法等別人講完，這些情況在

七歲以前出現，而且嚴重影響社會化如學習與工作，才能確認診斷。

研究中，有五十位自願參與此項研究的九至十五歲被診斷有過動或躁動的男生參加動物輔助治療的研究計畫。這些男生原來的醫療與學習計畫不變，只是另外再參加這項研究。他們被分為兩組，一組是參加戶外運動，如攀岩、救生游泳，一周五小時；另一實驗組同樣以這樣的時間去可愛動物園區撫摸動物。在研究時間過後，參加戶外運動的男生再以同樣時間再來參加撫摸動物的活動。原來實驗組的學生回到原來的生活，並基於倫理的理由，允許學員在休閒時間來摸動物。

可愛動物區內動物有：兔子、倉鼠、天竺鼠、魚、烏龜、鴿子、小雞、羊、迷你豬和大多時間有自然課老師所陪伴的狗。在可愛動物園區只有兩個規定：輕聲與動作輕柔地對待動物與人，並尊重園中的動物與人，不可說一些貶損人與動物的話。透過教員的協助，教參與的學員要學會如何與動物和善相處，輕聲與輕柔地對待動物主要是要訓練學員集中注意力。

「尊重」這個概念會經常被說出，提醒參與者不只尊重動物的感覺，也要他們反應自己的感覺與其他學員的關係。在學習中，學員還要學會如何正確地抓握動物，及學會動物的生理及種種動物的需要等常識，以備他們在照養時可用上。除了照顧外，每位學員還要完全掌握二十一個知識與技能，比如如何

量動物體重，如何畫表製圖，如何照顧繁殖中的母動物與出生的幼小動物，及如何介紹他們所照顧的動物。

結果是：逃課或完成不了這個研究者，在可愛動物區的撫摸動物有7%無法跟進，而戶外活動組有29%無法跟進。戶外活動組學員隨後來參加可愛動物區也只有20%無法跟進。學習效果上，在二十一個學習重點項目中，平均有八個知識技能學員能全然掌握，三到四項部分掌握。有些學員在過去四年學習中完全沒有進步者，在這個撫摸動物的活動中有長足的進步。在專業的評估項目中，平均有80%的學員都較前有進步。

令人驚訝的是，所有本來學員中常發生的暴發性攻擊的情況，一次也沒有發生在撫摸動物時出現。倒是有個情況是值得特別注意的，他們發現要是學員從撫摸動物的這段時間活動過後，不再撫摸動物，他們的行為有退步的情況。

做此研究的Aaron Katcher和Gregorz Wilkins深信，動物輔助治療能長期協助過動或躁動少年大量減少其攻擊行為與情緒障礙的問題。

在正常上課教學外，動物輔助治療能輔助老師對有這樣行為障礙的人的教學，提高其學習動機，也能讓他們較易控制自己的行為。

唸書給貓咪聽

朗誦唸書，幫助孩子，也幫助動物收容所的貓咪。

在美國最近成功地結合孩子唸書給貓咪聽，讓比較不親人的貓咪，覺得對人更有信任感，更為親人。他們稱之為「Book Buddies」意為相知結成書友。

在美國的救援動物組織 Animal Rescue League，他們自2013年八月起讓學齡兒童到Berk County動物收容所來朗誦給貓咪聽。

有些原來不怎麼親人的貓咪，在聽朗讀的時候，靜心地聽，沉靜地入睡。這顯示牠們從中得到撫慰與安定。一些對唸書有抗拒感的小朋友，因為喜歡貓咪，唸書給貓咪聽，也讓他們對唸書這件事開始有興趣，因為貓咪友善的鼓勵，也讓孩子在唸書時念得更有成就感，更有進步，可以說是孩子與動物都是非常成功的雙贏得實例。

　　孩子喜歡動物是天生的。貓咪天生也有獨立的特性，喜歡的與不喜歡的人與環境，牠都會毫不遮掩地表現出來。小孩子在還未社會化與還未識字前時，都喜歡大人唸書給他們聽，朗誦時的詞句與音調，撫慰心靈的感覺，讓孩子可以沉靜而入睡。這樣的原始鎮靜的效果，用在貓咪身上也看得到。

　　一般沒有家的貓咪，不一定需要人撫慰。但當一個願意親近牠的人走進貓房，友善地持續朗誦，雖然貓也像不識字的孩子一樣，聽不懂，但貓咪卻如同孩童一樣，感到舒服而被撫慰，而有鎮靜的效果，有的聽著聽著就睡著了。這也進一步證實，動物與人有相近的感受，感受到寧靜和諧的聲音，有鎮靜的效果。真可以說是，動物的感受舒服寧靜與痛苦的能力與你我一樣。

　　一個人展現對動物的關愛，用聲音感動貓咪，而貓咪的傾聽也讓兒童可以不怕被嘲笑與被糾正地唸下去。讓小孩可以在貓房中勇於練習增加唸書的成就感。參加這個計畫的母親，也

都很滿意孩子唸書的進步。很多小孩子因為親近貓咪，近距離了解貓咪，因而喜歡貓咪，讓這些貓咪被認養回家的機會也更大。

　而孩子可以從動物身上學到的，書上沒有，大人也無法教的。

參考資料：

- http://www.berksarl.org/programs/book-buddies/
- http://www.boredpanda.com/reading-children-shelter-cats-book-buddies/
- http://metro.co.uk/2014/02/09/children-reading-books-to-homeless-cats-might-be-the-cutest-thing-ever-4297358/

狗狗到校陪伴讀書

　　台灣的腳步跟得很快，狗醫生團隊已經走出自己的友善形象，從到老人院、圖書館，進入到校園。這其實是非常好的開始，只是不要忘記動物本身的需求，而非從人的角度去要狗狗配合，這樣才能真正達到狗狗的動物福利，讓狗狗在符合牠生理需求的情況下來服務人類，才能讓狗狗開心，讓人也開心，達到雙贏的可能。

新聞報導，狗醫師由圖書館志工帶到校園，學生非常興奮也受益不少。不過從新聞照片中，我們看到狗狗被穿上短短的上身衣服與牛仔褲，讓小朋友擁抱。雖然著實可愛，不過狗狗上身穿衣服，下身穿著牛仔布料的褲子，被打扮成人穿衣服的模樣，不知道用意在哪裡？這樣的感覺，老實說，我們是不是把動物玩具化了呢？

　　狗狗全身被包得緊緊的，牠毛絨絨的的毛無法被體觸到，實在可惜。狗狗訪視活動，是一種零距離的真正體驗，狗狗原本的樣態，包括牠給人的觸感與身上的味道，這些屬於狗狗的特質，應該沒有價值判斷，沒有好與壞，都是讓人更親近自然的一種可能。

　　如果配合人的想法，為了人想像中的天氣與衛生問題而包裹起來，人還是沒有達到體驗狗狗這個自然生命的樣貌與了解真正自然生命個體的目的。很多學童都是很少有機會接觸到狗，所以才這麼興奮。穿了布料衣服的狗，並非真正原始自然的樣貌，失去熱熱體溫的觸感與狗毛給人的感覺，就失真很多，也讓一次人與動物的體驗失真了許多。

　　另外，台灣習慣給狗穿衣服，但狗狗不一定需要一直都穿。德國狗狗在冰雪的天氣也沒穿，狗狗天生有自然的毛衣在身上，其實無須狗衣服。狗狗其實會自動換毛，無須在零度以上十多度的台灣天氣穿衣服。穿衣服也會影響皮膚，容易生皮

膚病。

瑞士造訪小學的勞倫斯動物學校

早在1999年瑞士蘇黎世就有勞倫斯動物學校帶狗狗參訪學校的造訪活動，非常有意思。我因為進修的關係，有機會親自觀察到勞倫斯動物學校的參訪。我參訪的當天，學校主任Grünig格林女士帶著她的Bloodhound狗何斯提到校參訪。格林女士是一位老師也是動物心理諮詢專家。她擔任勞倫斯動物學校主任也有好些年了。

當她帶何斯提來到學校時，學校學生已忍不住好奇，一陣騷動。今天格林要讓同學了解何斯提的本事。格林女士拿出一個小朋友的領巾，讓何斯提聞聞小朋友的領巾，要小朋友躲起來。過了幾分鐘，何斯提就在校園外的樹叢中找到圍巾主人小朋友了。真是神奇！

那天參訪時，外面很冷下著雪，老師說這種狗很厲害。牠是專門被訓練來找失蹤的人。他們的任務是尋找好幾天不見得人，幾十公里都有可能被找到，通常成功的機率有三成以上。即使不是過半的比率，也讓失去聯絡，不知行蹤的家屬有一絲最後的希望。

勞倫斯學校不只有狗，也有貓、兔子、鳥及其他齧齒類動物。一週三次造訪有意願被造訪的學校。很多學校都要排很長

的隊等待造訪的動物來。

　　擔任臨床心理師的Stenina女士曾經在學校，用動物輔導治療來矯正訓練學童的心理或行為問題。並用科學數據來評估結果，她的結論是，動物有強化與支持健康的正面意義。

　　另外維也納大學勞倫斯研究處的主任Kurt Kotrschal教授就研究，以一個學期時間用錄影的方式紀錄班上同學與狗狗的互動。並用影像來做分析。他們發現，狗狗的在課堂與大家在一起時，學童比較少留在自己的位置，學童比較少一個人玩或做自己的事，但是學童之間的互相之間的互動比較趨於正面與友善，暴力行為減少。

　　即使是狗狗不在場，他們之間的負面行為互動也減少。帶著動物來上課的老師，也因為狗狗聽老師的話，學童也跟著會更敬重老師，有助於孩童之間爭吵時的平息糾紛。另外學童還會主動注意自己的言行不能太大聲喧嘩，造成狗狗太大的聽覺負擔。

　　有關台灣報導的新聞：http://news.ltn.com.tw/news/local/paper/838434

三、陪伴老人超溫馨

四腳醫生———愛迪

　　動物接受人類的全部，牠對人沒有成見，比一般人有更大的耐心，對身心殘障的人或老人來說，四腳醫師讓牠們的心靈傷口獲得痊癒。

　　最近聽說台灣也有狗醫師參訪老人院或育幼院的活動，想來台灣狗的角色，也漸漸擺脫悲情，提升成治療者的角色了。

友善與溫柔的醫治

在歐洲，狗當治療師的腳步起得較早，但仍不普遍，在各地也還都未設有完整的訓練課程。在歐洲人們非常重視動物應有符合其需要的生活，即使是做參訪活動或各項訓練，也是要在不承受太大壓力的情況下，才能進行。

他們認為，唯有在狗與人都舒適的狀況下，才能給雙方有愉快的經驗。狗狗在歐洲除了當家犬外，現在醫療界與教育界的人士還把牠當成最好的醫療與教育的夥伴。

愛迪是一隻受過訓練的狗，牠懂得如何做一些肢體動作逗人喜愛。比如牠會用背部著地，四腳在空中蹬足，做出討人喜愛的動作。

如果牠看到人們坐在椅子上，兩腿間形成半彎曲的膝蓋，牠就會自然地把頭伸進去膝蓋間，要人撫摸牠的頭。而擁有這個膝蓋的人，通常是無法拒絕愛迪的請求。這也是愛迪這隻三歲半，將來要成為狗醫師的狗必修的課題。

休寧小姐是個從事教育兒童與輔導青少年的心理治療師。目前她帶著她受訓的愛犬，在許多德國的大城拜訪老人及自閉症的兒童，尤其對自閉症的人來說，狗幾乎是他們與外面世界的連接的唯一管道。

平常休寧拜訪她的老祖母時，總不讓她的愛迪跟，擔心老祖母不愛狗，會造成麻煩。有一次，祖母的小孫子一定要帶著愛迪去看祖母，休寧小姐沒法，只有讓牠跟著一起去拜訪老祖母。這一碰面，卻出現了令心理治療師也意想不到的結果。

　　當老祖母與這隻狗的眼光一接觸以後，她的變化簡直判若兩人。平日遇人愛理不理，幾乎完全不說話的她，竟主動詢問可不可以摸這隻狗，並非常應對自如地與他人聊起天來。在那之後，她每次去看祖母，一定會帶著她的狗去。也因此她也會多去瞭解狗在幫忙做治療工作時，如何協助人在精神障礙部分與如何讓怯懦的人更有勇氣去面對困難。

帶狗狗上班去

在台灣什麼東西都可以流行起來,可是帶狗上班這項酷事
卻跟不上時代,真有點落伍。狗狗是同伴動物,對人有抒解身
心壓力的效果,一隻有教養的狗懂人性,不吵不鬧,只要狗主
人定期帶牠出門解放,教牠懂得不在屋內解排泄物,狗可是疏
解工作壓力的最佳寶貝。坐辦公桌寫廣告案需要創意的朋友,

如能走出戶外，清一清煩躁的心情，常可以有一些意想不到的效果，靈機一動的機會也較大。狗狗喜歡散步，帶狗狗上班，可讓自己也出去散心，避免痔瘡，回來更能補充能量，在辦公室內還有說話的伴，與客戶或老闆處不好，心情不好時，摸摸狗，和你的狗玩一玩，包准你心情一定會好。

　　我過去本身服務的單位是個養老院，負責的工作是精神病患的住家照護人，我的個案中有一個是年紀六十出頭的歐巴桑，很喜歡動物，以前她也養過貓與狗，因為生病房子賣掉，家中動物也只有放棄。但她喜歡動物的本質不變，所以她很喜歡每天我帶我家的希拉蕾去上班。牠不但有陪伴她的功能，也讓她的生活增加情趣。

　　有時她冰箱裡有香腸，就會直覺地想到我家寶貝，餵給牠吃，天氣好的話，她也很喜歡帶牠出去散步。

　　當我帶希拉蕾上班一進門，她歡迎希拉蕾的熱情與笑意都比看到我還超出許多，讓我有些心生醋意呢！在她的住所上班時，有時我需到樓下辦公室去，讓狗狗與她獨處，她也非常樂意幫我看狗，「劉，您儘管去忙，我幫您看好希拉蕾，不用擔心！」像是老阿媽對小孫子那樣負有責任感，讓我很想竊笑這個老寶貝真的很可愛！

　　在養老院裡，老人們看我每天帶狗進出，也都很喜歡與牠說說話，摸摸牠。希拉蕾是那種標準從台灣動物死牢出來的

狗，滿怕生的，所以有些老人要討好牠，都要準備好好吃的東西，牠才肯親近他們呢！

偶而我嫌麻煩或天氣不好，就偷懶沒帶希拉蕾去上班，這時就不僅我個案會抗議，全養老院的老人都會不斷問我：「今天怎麼沒有帶狗狗來？」我家狗狗幾乎可以說是這個養老院不可或缺的一員了！

連我們養老院的負責人看到牠，都會從緊鎖眉頭煩忙的工作中，低下身來與牠說兩句狗話：「希拉蕾，你真好，沒煩惱！不會有讓你生氣的事，對不對？」我們希拉蕾會意地抬著頭，露出專心聆聽的神情，讓人真以為牠頗認同他的觀點的。

也難怪，沒人會討厭牠，見到牠總是會說狗話給牠聽，讓人有發洩情緒的機會。

我和我的寶貝就這樣每天坐公車上班，已有一年的時間。狗搭公車不收費，也不會被司機唸，就這樣，我每天都可以很有尊嚴地牽著我的狗上下公車，陪我上下班。在坐公車的旅途中，因為我家寶貝的關係，讓我與許多陌生人結緣認識，也讓我的周遭因為牠的關係而充滿人情味。

帶狗上班是一件對人對狗都好的事，但是要兩相情願互相尊重才行。如果狗狗累了，我們要給牠有休息的角落，不受人干擾。而人也一樣，若有人不喜歡狗，就要讓人也有避開接觸狗的可能。狗與貓都是同伴動物，在我們的生活中有牠們，可

以讓生活與工作品質都更好。如果工作場所允許牠到來，我們
一定會驚訝牠的魔力可是很超乎想像的喔！

（原刊載於《蘋果日報》）

動物幫老人交到朋友

　　動物是社會上與陌生者接觸的媒介，有養狗的人在街上可以常常跟人攀談，而沒有養狗者則顯得無人聞問，這在德國非常明顯，有些人甚至只跟狗狗說話，也順道問安一下老人家，在德國其實不容易交到朋友，可是有了狗之後，狗兒讓人更容易交到朋友。

一個英國的研究也證實了這個理論。他們在公園中觀察有牽狗的人，與沒有牽狗者的情形。他們發現有牽狗者，比較有人向他們微笑與問安，也比較有陌生者逗弄他們的狗，順便與他們聊聊天。而沒有牽狗的一般人則與其他公園中的人沒有什麼明顯的互動。在亞洲社會，這樣的互動可能比較會不明顯，狗在社會上並不普遍受到許多人的喜愛，是一個重要因素。不過台灣社會社區流浪狗，有社區人士照顧，也讓社區鄰里的人有共同話題。

　　另外，老人家養狗者，與鄰居及路人的互動也會增加，生活品質也因而增加。比較值得注意的是，狗狗會讓老人家更容易回到現實的狀態。在美國加州研究中，他們發現養狗的老人，當他們在牽狗散步時，與別人談話時，多是談現在或相關狗現狀的事物，很少談及過去空洞的事。而沒有養狗者則多是談過去。養狗的長者也展現更多對生命的熱愛與對他們社會、身體與情緒狀態的滿足。

　　我有一個德國朋友，因為婚變之故，前夫的惡意假性宣告破產（可以免除被要求贍養費，或聲稱無法負擔贍養費）讓她背上大筆的債務，後來得了憂鬱症，長期需要服藥。

　　她一直都養狗，狗像是她的孩子一樣受到寵愛，她教狗也很有一套，過去她的兩隻狗非常聽話，也會耍一些把戲，是她生命的最大重心。兩隻狗常常讓她在街路上，在各種聚會場合

被問東問西，她也樂於與人聊她的狗狗，出門到哪，總是狗不離人。她跟我說，如果沒有狗，她真的不知道要如何度過生命的餘日。

今年她已經六十七歲了，兩隻狗都老了也先她而走了。本來她跟我說，狗狗如果走了，她擔心自己年紀大，不能照顧狗狗到終老，很猶豫要不要再養狗。原本以為她會很傷心，但不久後她卻很快又去領養了一隻年輕的狗。她願意讓牠陪她，也願意照顧牠一輩子，她求生的動機，是狗讓她想活下來。這次牠讓她點燃了生命熱情，她想要好好照顧一隻年輕的狗，與牠終身相伴，牠給了她一份責任，她給了牠愛。

不知怎地，最近兩年她覺得自己很好，拒絕吃藥。很快地，她就又意志消沉，情緒不穩，很想自殺。我雖然勸她要服藥看醫生，但她那一陣子情況很差，不聽人家勸。她獨居，我其實很擔心她會出事。

有一天，接到一通電話，她好友打來，希望我能照顧她的狗狗一陣子，因為她被送去住院。她真的自殺了，但還好沒有成功。據說，她不想棄她的狗於不顧，所以沒有選擇跳樓，不然她住在八樓那麼高，投身一跳，是不可能存活。她把所有高血壓的二十多顆藥全吞了，人感到非常不舒服，為了她的狗，她在昏厥以前還打了電話給警察，希望狗狗能被帶走。就這樣，她被送醫，狗狗被送到收容所。

住院期間，她念茲在茲還是她的狗狗。她希望狗狗不要被沒收，希望狗狗可以讓她看到。於是我暫時收留了她的狗狗直到她出院。五個星期住院，出院時，她容光煥發精神很好，也很肯定地要帶走她的狗狗。

　　她與她的小狗狗相依為命，她很後悔自己做傻事，她的狗狗讓她回到現實世界。最近她提起勇氣與銀行更改房貸利率與債務，也修繕了公寓，雖然花錢，不過這都可以看出，她因為狗而活在真實的現實中，不迴避生命難題，勇敢面對，因為狗狗是她的最重要的生活夥伴。

　　動物的親近，讓老人生活更有生趣。

　　狗兒讓人更容易交到朋友，也讓人回歸現實生活。

貓咪讓失智老人開口了

　　一個平常的下午，來了一隻貓。失智的老婦人漢娜坐著輪椅坐在後院階梯上，在階梯上看著後院。一隻花貓走進後院。牠不怕生地穿過輪椅縫隙，好奇地走入屋裡。老婦完全不知。我也好奇地想知道，這隻花貓的闖入會發生甚麼事。

　　我把失智婦人推入家中，讓她看到貓。貓開始探入各處，在房間裡，房門外用身體磨蹭著門邊，好留下自己的氣味。牠

繞走房子一周，在角落處蹲坐下來。老婦三年前還會看字、唱歌，最近幾年退化很多，以前可以自己走，現在大多時間都在輪椅上過。只有短距離的上廁所，上下階梯要人扶持走動。算起來，大概有兩年沒有與人有正常對答了。她通常說自己的，對別人的問話，只能以眼睛看對方，說不上話來。大部分的時間，她常常呆呆地發呆，或是坐著低頭睡覺。

今天當她定睛看到貓時，久久不見的笑容綻放開來。

「貓咪，貓咪⋯⋯」她說了話了！

她的雙手舉起來輕輕地拍手，想辦法要貓走到她那去。幾次招呼，花貓都不理。她就只好定睛看著貓。

過了不久，貓躲進小桌子下面的角落。怕牠咬壞電線，我把牠趕出來。牠走到我身邊，在我身邊磨蹭。之後，牠走到輪椅邊，也在輪椅邊磨蹭。貓到哪裡，老婦的眼睛也跟到哪。她難得地神情放鬆，嘴角微笑著定睛看著貓。

不久，貓兒跳上皮沙發，蜷曲在那躺著，像一幅靜態的畫，掛在屋裡的一角。

牠靜靜地躺在那。她靜靜地盯著牠。對一個久久沒有生活刺激的老婦，這個下午，發生了讓她快樂的事，實在不容易。

失智，讓人不能阻擋的退化，讓人驚懼。婦人無言，無法對談，偶而聽到的片段語言，也無法讓人理解。也許她說的是家鄉話，也許是童年牙牙學語的話。過去她感到語言障礙，會

不解地說：「我不行了。」現在連說都說不成。

　　貓顯然是她熟悉的夥伴，牠帶給她與自然的連結及呼喚，讓她的精神又活了回來。

　　貓咪，貓咪，你真正厲害！

動物不會說謊

　　動物與人的溝通
　　家中同伴動物神奇力量
　　牠不是他
　　牠卻理解你的內心話
　　牠訓練你的溝通能力

　　貓與狗都是我們人類很久以來就馴養的動物。瑞士動物研究學家Dr. Dennis Turner研究家貓與人的關係十年，發現貓比狗對人的社會化的適應要更大。

　　狗基於群居動物的本性，與人類共同生活，猶如是牠們的群居生活，人是牠們的首領，與人的群居生活符合牠們的本性，牠們與人生活，也是基於本性服從首領的群居生活。而貓不是群居動物，牠們原來的本性是獨居生活的動物，成為人類

家中一員的群居生活，原本不符合貓科動物的習性。

　　貓與人的共同生活，顯示貓與人生活的模式，其社會化的程度要比狗要來得多。人與貓的自主性社會互動關係，也傳達一種因為要彼此社會化的正面互動關係。

　　貓和狗對人類來說是溝通專家。而無法清楚說明的是，人類對動物的理解又是怎麼來的？這個謎題的解答可能可以說是：人類的心理深處需要一個共同生活的生物同伴，在身邊伴隨著他。這可以用喜好生物的人類特質來說明。

與外界溝通

　　動物與人的溝通方式不同。據溝通科學專家包爾‧魏茲拉威克Paul Watzlawick對溝通的分析，認為溝通有一種是語言內涵及一種是互動關係的兩種面向，另外還有一種語言表徵，那種語言表徵讓我們不會感到容易親近。

　　心理學家耶哈‧歐保利Erhard Olbrich本身也是著名動物與人關係研究之父，繼魏茲拉威克的溝通分析而做出人與動物關係的溝通模式。歐保利認為，動物與人的溝通有兩種方式，一種是用仿效構句型Analoge型的身體語言與表情，比如用眼睛、身體姿勢及語調可以表達。嬰兒對母親及外界的溝通就是用這樣的溝通方式。還有人類對親密的情人，也多用Analoge的溝通方

式。另外對於要爭鬥的情緒激昂，也是多用Analoge這樣的溝通方式。另一種人類的溝通叫做Digitale可以用語詞來溝通。語詞的溝通是我們人類用清楚的語句表達的方式。Digitale的溝通通常可以說謊。而動物是不說謊的，牠們的溝通都是用第一種的原始仿效型的Analoge溝通方式。

動物接受人的原始仿效型溝通，也與人類用這樣的型態溝通。這讓原本人類日常生活中很少被使用的原始溝通Analoge可以再被運用。動物完全地反應回答人類原始的溝通型態，也因此讓人被要求也用這樣的原始溝通型態與動物做真正地溝通。人也因此而在這兩種溝通方式中有更好的平衡。這種平衡兩種方式的溝通型態，極少發生話語內容貧乏與降低相關人物關係的問題。這種平衡兩種溝通方式的表達方式，可以不會讓人有表裡不一的感覺。

這裡可以看出一個非常重要的關鍵就是，原始的表達訓練讓人可以表裡一致，詞語與表情姿態是一致地，使訊息傳播者與訊息接受者都不會有接受到訊息不一致的矛盾感，形成互相之間和諧的交流。這樣的一致性對表達者很重要，對訊息接收者也同樣重要。

狗狗杜杜比人強

失智的漢娜喜歡愛吃的狗。

因為朋友肩膀受傷，不能照顧她的小狗杜杜，要我幫忙照顧幾天。我跟杜杜很熟，牠和馬爾濟斯體型一樣大，是隻小母狗，很聰明，對人友善、超愛吃東西。平常，我也擔任照顧失智者的義工；此次擔任義工時，我帶杜杜小狗去失智多年的漢娜家。

漢娜是位九十一歲的老人，跟她女兒住，一直都是女兒照顧她的生活起居。四年前，我去照顧她時，她行動比較慢，很會唱歌，聽她女兒說，她曾參加合唱團。以前我常帶歌本去給她唱，她可以把歌本從頭到尾唱到完。有一些很少聽到悅耳的德文兒歌與民俗歌曲，都是她唱了，我才知道的。現在德國人已經很少唱這些民俗歌曲了。因此，我也跟漢娜學了不少德國歌，她的歌聲真的很棒。

　　但大約在兩年前，她行動不便，需要整天坐輪椅，並且也不再唱歌了。過去她唱歌有困難時，還會說：「我不會了，唉！……」然後，喃喃自語。現在，她走不動，很少說話，即使說了，我們都聽不懂，她也不唱了。過去，她不必看歌詞，只要一提個音，她就會自動唱完整首歌，現在根本一句也不唱了。時間很快消逝，她的歌唱不再。即便我用手機再放她過去唱過的歌，她也完全不再哼唱或有所反應。對於我的帶動唱，她也常常沒有反應，令人喪氣。

帶狗訪視失智者

　　今天我帶來了杜杜。她本來沒有注意到杜杜，因為牠很小隻，也不隨便叫。我知道杜杜愛吃，特別找好吃的麵包給牠表現一下。漢娜坐著輪椅，我跟她打了招呼，她的眼睛看了我一下，然後又回到她的世界，不再理我。我跟和漢娜說，有狗狗

拜訪。她也不太在意。狗狗在客廳走來走去，她眼睛隨牠的身影，跟了一下，不久她又看別的地方了。

於是我推漢娜的輪椅到廚房，讓她可以看到外面的花園，也比較明亮。我叫了杜杜，杜杜很乖地坐著仰望著我，因為牠看到我手上有好吃的麵包。我先剝了一點麵包給杜杜吃，看看牠喜歡嗎？杜杜坐得好好地，好吃地舔光地上的麵包。然後，杜杜的頭抬得高高的，眼神就釘在我拿麵包的手。這次，漢娜注意到了杜杜的愛吃與專注神情，漢娜也和狗狗說了親切的話語（內容不清楚，但感覺是成句的話語，有時她也會說老家的家鄉話，我聽不懂），並且露出驚訝的眼神。

失智者的具體反應

我把麵包舉得高高的，杜杜專注定睛地看，並且用兩腳短暫站立起來，看起來頗有趣。漢娜看到牠站起來，笑了！又說了幾句話。她的眼神不再呆滯，喃喃不斷地和狗狗親切地說話，杜杜也專注地聽她說話（其實牠當然是比較在乎她會給牠什麼好吃的）。之後，我把麵包給漢娜，她不知所措。於是我再做了幾次，把麵包舉高，杜杜好幾次都兩腳站立，想吃舉得高高的麵包。杜杜後腳腳站立，身體像人一樣地立起來幾秒鐘，兩肢前腳搖動，有點像在拜拜，模樣十分有趣。幾次後，我看漢娜跟牠說了很多話。我把麵包放在漢娜旁邊的桌上。

我伴坐在漢娜旁，開始滑手機，看一點新聞。不久後，我看到一個很棒的畫面。漢娜不知何時拿起桌上的麵包，開始餵杜杜；漢娜也把麵包拿高一點，杜杜跳起來吃，她又說了一些話。就在此時，我趕緊把手機轉為相機，按下最美麗的照片。一個老人，坐著輪椅餵狗。一般人覺得沒什麼，但是對漢娜來說，這是多麼不一樣的進步。她已經兩年以上沒有再唱歌，好久也沒說話了，現在和狗狗的互動那麼好，而且眼神也回到專注的神態。過去兩年來，我努力了好久，都喚不醒她回到現實的世界，現在杜杜做到了，讓失智者回到現實和牠們互動，而且是眼神交會，心靈溝通。當我把照片給她女兒看時，她女兒也非常興奮與感動。人做不到的，漢娜做到了！

　　照護者最高興的就是看到進步的成果。長年以來，失智者的認知退化，除了自己越來越陷入因腦力退化而無法自理，意識模糊，行為退縮，與人互動減少。一隻善解人意的活潑小動物，帶給人感性的相遇與互動，增加生活的刺激，讓失智者生活再鮮活起來，也增添了生活的樂趣。

四、幫助偶的人類朋友

狗狗幫殘障人士更獨立

在歐美早有訓練狗兒幫助殘障人士的生活，最常見的是導盲犬，近來也有幫助聽障的人的工作犬。根據美國Susan L. Duncan與Karen Allen對工作動物與殘障人士對生活影響的研究指出，動物可以對殘障者不僅有肢體障礙上的協助，對他們在生活中獨立自主性的增加，也提昇了他們的自尊心。這點心理上的正面發展常常不受到社會的注意。

另外，在他們做的研究中，帶著服務犬的殘障者，會因為狗的關係而與其他人士有較多的交談機會，殘障者也感到較以前沒有狗的情況不孤單，比較容易為社會其他人所接受。

　　殘障人士因為身體的殘障，比較容易感到自外於人群，有了動物的跟隨，其他社會的人會透過問候與交流狗的經驗，在人群中成為吸睛的對象，大家焦點透過訓練狗，也自然轉移在殘障人士身上，使得他們無形中感到驕傲而不再自卑，重建自尊心。動物聽從他們的話與為他們工作，都會讓他們更容易融入社會人群中，也對人有更大的信任與寬容，擴大他們的社交行為。

　　這份報告中也提到，在生活中，工作狗其實不僅有陪伴功能，也協助了他們可以在生活中減少倚賴他人的時間，並漸漸可以自立生活，殘障人士從中獲益最多。這也證明擁有導盲犬的盲人，為何沒有自殺的紀錄。

　　當然法律的保障也是重要的一環。相關法律，其實對僱用殘障者都有一定的保障，對雇主也有最低需僱用殘障人士的比例與減稅的優惠。若能讓殘障人士因為訓練犬的協助，而有更多就業機會，也會讓雇主更願意讓殘障人士工作，讓殘障者減少工作上障礙，也會讓雇主更樂意僱用殘障者。

真實故事

　　一個德國養老院的大夜班女護士Karin曾在上大夜時，遇到闖空門偷竊。這位女護士雖然叫了警察，但並沒有來得及抓到竊賊。Karin自此以後，都會帶著她養的狗狗上班，而其他大夜班的護理人員，也被允許帶狗，守衛保護工作人員自身安全。她坦承，狗狗除了有守衛的功能，其實更是她心理上最大的支持。因為她很害怕，再遇到闖空門偷竊者，她會不會像上次那麼幸運全身而退。後來，她受到的心理創傷還是無法復原，而必須轉找心理治療協助。

　　警務工作已經讓警犬工作，其實各行各業如果能允許狗兒工作，牠們絕對是最忠實的夥伴也是最大的助手。

幫助精神病患找回遺落的信任

動物也是精神病患的醫療幫手！

近年來瑞士研究報告指出，動物對精神病患有正面影響。其原因來自於，病患與動物的接觸是自然而不造作的，是「現在」而真實的接觸。動物與病患自發性的互動，讓雙方都感到歡喜溫馨。動物並可強化人的感受與現實感。

如果一個病患對動物有所反應，動物將能把他們從封鎖的世界中走到正常與外界連繫的世界。德國臨床報告也證實，一個僵直型的精神病患，長久以來對外界毫無反應，卻對一隻來病房探望病患的狗，有戲劇性的反應。「當狗要被帶回狗舍去時，此病患從她就座的椅子站起，想要跟著這隻狗。有一次病患還與狗在走廊上走來走去，並彎下身來撫摸這隻狗。」另外一個精神病患回答有關狗的問題時，回答的語句較平時多，也較流利。平常此病患答話的反應極慢，回答字數也很少。精神科醫師在評估此案例時，認為狗與病患的接觸，是一個病情得到好轉的轉戾點。牠穩健人的安全感，讓病患對人遺落的那份信任，重新在病患的人格中生根。

另外，動物輔助治療（Animal-Assisted Therapy）中，動物可在學齡前兒童期扮演關鍵的角色，原因在於人類在此期尚未發展語言能力或尚未能掌握語言以前，有一段時期的發展是動物性的。也就是說，學齡前兒童與動物有相當的同質性。瑞士兒童與成人精神科專科醫師Robert Tanner-Frick與心理治療師Elisabeth Frick Tanner博士認為，「學齡前兒童世界的感受經歷是動物性的，他們覺得他們與周遭的一切是融合為一的，他們完全投入於與他們共同生活的物體中的。」

「會自由活動的動物，牠們的野性、動力和牠們不能預期掌握控制的特性，契合此期學齡前兒童的感受、感覺與行為的

特質，所以大部分的兒童都會認為動物是非常吸引人的，也讓他們感到非常親近。對兒童而言，動物被當成是自然界與兒童最初本質來由的一部分，體現了兒童自己的心靈觀感。」

　　研究報告並指出，如果我們早期有與動物有過良好的經驗，動物可幫助我們的就更多。一個人要是在兒童時代就與動物長大，成人時期也就會從動物身上得到越多好處，尤其是在人年老的時候，動物帶給此人的復原力量就相對地加大。相反地，如果一個人從小就沒有機會接觸到動物，通常在他的一生都會對動物感到陌生。所以也只有在早期有良好與動物相處的經驗下，動物輔助治療法才能有效。記住，人與動物間，通常是人類需要動物，動物其實不需要人。

釋放動物醫師的療癒力

動物對人的醫療：身體，心理，人格社會化

　　在實際的研究中發現，以動物作為醫療有非常好的效果，說是一種革命，絕對不是誇張。不僅是在醫療中更可推廣至教育，還有人格社會化及人格社會化的重建：現今歐美國家有一種新的意識，認為動物之於人，不僅是提供人類肉品的關係，或減輕壓力與陪伴人的功能，牠並且具有協助及復原人體的功

能，這種想法已在全世界形成一種新觀念。

動物輔助治療的實際效果

　　香港與台灣現也有以狗當「醫生」，到老人院去拜訪的活動，帶給老人莫大的快樂。曾有報導，英國的受刑人，因反社會化的人格，數十次進出監獄，不知悔改，多年的監獄生活，早已讓她以監獄為家，她的社會支持系統完全中斷，許多親友早已遠離她。自從她在獄中養了一條狗以後，她開始感到自己有責任好好對待牠，必須給牠一個安全溫暖的家，使她從此有了與牠建立一個家的想法。也因此她在獄中表現轉好，為了能早點回到正常的環境，與牠重組家庭。

醫療人類是非常耗能量的

　　動物的訪問活動，在瑞士相當普遍，不僅拜訪監獄的受刑人，甚至拜訪精神病院。有些精神科醫院還允許院中飼養動物，以照顧動物作為復健治療的方式。還有帶動物參訪心智殘障的兒童或以動物協助自閉症或其他身心障礙的兒童，甚至他們也帶動物去拜訪臨終的病房，讓終年躺在病床的病患擁有同伴動物的親舔安慰。

　　所有參加拜訪活動的動物都需接受一定程度的訓練，拜訪的動物必須要有主人陪同，時間多不超過一個鐘頭。大多的動

物拜訪回去到家以後都疲累不堪，可見動物對身心傷殘病人的精力的付出，超乎我們的想像。

我們發現，動物有我們意想不到的力量，讓我們的生命展現與動物一般自然的生命力與回復動力。至今許多研究人員並不清楚人與動物的親密關係的復原力有什麼機制可以解釋，對一些醫療或需做身心矯正的病患，何以有如此大的助益。但許多臨床的實例，的確令人不敢對這樣的結果漠視。或許在不久的將來，動物將成為一個良好的輔助治療師。

有關人與動物的可能傳染

人與家中同伴動物的相處，有些疾病會相互傳染。一般身體健康良好的人，其實得病可能並不高。人與人因為同種生物種類，在傳染病的機率上得病的機率也比動物更高。養動物者，只要注意飼養環境與動物本身健康，一般來說不容易被傳染。家中同伴動物建議需要注射的疫苗都應該施打，動物皮膚保持健康與良好狀態，人也會保持身體的健康。

飼養貓與齧齒動物的人，在環境上還要注意貓沙與其排泄物的清潔與處理，避免傳染給小孩及免疫系統較弱的人。

未成年的幼年的動物也因為健康未處於穩定狀況，容易帶病源，家中飼養同伴動物或鳥等動物者，務必注意其衛生。嚴守接觸動物後務必確實洗手的習慣。

　　人類本身就有自己的細菌，環境中也一直存有細菌。我們其實不用因為動物的傳染疾病問題，而對動物遠離。而是利用動物醫療科技進步，讓動物打預防針，事前吃寄生蟲藥驅蟲，讓遠離自然的人可以親近動物。

　　另一方面在研究報告中，目前認為兒童在嬰孩時期到一歲期間，家中有養狗的家庭，兒童可以減少氣喘等過敏狀態，長大學齡期健康狀態也比其他家中沒動物者好。

人生最後一段路不讓你孤單

　　一個愛滋病的末期病患，靜靜地躺在病床上，沒有人知道，這時我們能為他再做些什麼？瑞士一位帶狗來陪伴病患的義工，述說一個她親身經歷的故事。她說，每次帶狗訪視病人後，狗也從來不會賴著不走。但有一次，就是不一樣，那隻帶來的狗，停留在愛滋病末期人的房間，堅持不跟著回家。房間是寂靜的，沒有人這時會走過來看他，他昏迷了一陣子，誰也

不知道什麼時候死神會來奪走他的生命。在他走之前，我們能給他什麼？也沒有人知道，此時能與他說些什麼？在死神將近的時刻，大家顯得特別小心，卻無言以對。

　　與生命揮別前，我們會想要什麼呢？這隻狗似乎真的意味到了什麼。那次的訪視，牠多停留的一段時間，一反常態地跳上床，靜靜地就斜躺在他身旁。人怕接觸死亡，狗卻親近死亡的人。牠不時地還舔舔他的手臂，給他溫暖。即使是自己的愛人，我們要臨走時，恐怕也不一定會給我們一個吻。就這樣牠停留在他身邊數分鐘，之後，狗跳下病床，走出病床外後，願意跟隨回去了。我們的義工覺得有異，告訴護士，得知他剛走了。

　　告別的生命，孤寂地走，讓人情何以堪。狗的相伴這一段人生最後旅程，對他來說，至少不孤寂。

　　動物對孤單的人來說，如同生命的泉源。一位醫師說，他從動物身上學到許多的事，以動物為師，一點也不假。看到動物的時候，你有什麼感覺？這位醫師看到，動物以牠自然的方式親近人，牠知道誰需要牠，誰喜歡牠，但也不隨意被侵犯。大自然的規則，很清楚的就在牠身上。有些身體或心理的疾病，我們知道得很沉重，醫護人員忙著找特效藥，苦心積慮地想為他分憂解勞，終究是一場空，簡簡單單地陪在他身邊，伴著他走人生這一段，時間卻是經常我們最欠缺的。一次一次的

約時間諮商，苦於病情無進展，但動物的相伴，牠敏銳與他相隨，卻是一種全面的照護。生病或年老的人，經常憂鬱，怕自己活著沒價值，耗費太多的醫療費用，覺得自己一無是處。但若有一隻動物需要他，他的生命活力則會因牠而點燃。看非洲大草原的犀牛與人的生活區有著三公里以上的距離，你不侵犯牠，牠也不會越界。牠除了讓人感到愉悅，牠也教我們尊重對方。

牠不矯作，我們的情緒會隨牠感到歡喜。人與人之間或許有遠近親疏，對老闆我們不敢放肆，對女朋友要小心翼翼款待，對案主不可發脾氣。但與一隻動物在一起，我們可笑可哭，牠傾聽我們的一切，接受我們的喜怒哀樂，牠從不會說我沒有時間這樣令人喪氣的話。狗永遠有時間，牠永遠在家門口等待你。

如果久久你一直沒被撫摸碰觸，一定十分鬱卒。一隻貓或一隻狗的相伴，可讓你滿足被捧愛的感覺，被貓狗舔的手，讓我們的神經舒活了起來。

如果一隻貓，肯坐在你身旁，親近你，磨擦你要你摸摸牠的頭、牠的身，你應該要感到可喜，因為貓是非常有個性的，牠不過來，你是抓牠不來的。牠要找你，是真的看得起你，喜歡你。

一個單身漢，在別人的眼光中，不過爾爾，認識他的人都不覺得他怎麼樣，但在他的狗的眼中，卻是國王。誰不須要人家捧，你的愛，動物最知道，牠的回報也從不會讓你失望。

　　夕陽的人生階段，有人惆悵、有人黯然，也有人得意昂然。但孩子不在身旁時，沒時間聽你訴說當年時，有牠相伴，讓牠來看你，生命的夕陽餘輝會更燦爛。

　　太多的生命哲理，我們無法一一解答，如果我們肯耐心瞭解牠，牠可告訴我們的遠勝於人。

你家的動物最能療癒你

　　美國的動物治療報告中，曾有這樣一個報告：訪視者帶狗
與不帶狗做訪視前後的血壓測量比較，結果有帶狗去訪視老人
的，這些人的血壓在被訪後有明顯的降低。而另一組沒帶狗的
被訪人血壓沒有變化。這是1993年，美國Harris的報告。報告
中也顯示，受訪人表示，動物經常是重要的注意力與談話的焦
點。在病房的座談會中，也呈現對動物探訪的正面結果，有動

物在會談的場合，場面輕鬆，參與者的參與度高，互相之間的互動較沒有動物的會談良好。

我常想這類的報告如果在台灣做的話，結果不知道會不會一樣，甚至會不會有相反的結果。我會這樣想，是因為各國人對動物有不同的態度之故。我們台灣的老一輩人，許多人對狗持有低等動物的偏見，認為牠們是骯髒的觀念者比比皆是，帶他們認為是卑賤之物去訪視他們，或帶狗參加座談，可能連訪視者都會受到不禮之遇，會談場面可能也會讓這些不喜歡動物的人感到嫌惡，討厭狗者表面不說，但其血壓不反彈地更高已是慶幸了，更遑論要有降低血壓之功能了。

國人讓狗到老人院或護理之家來探視個案已經開始了一段時間。但是許多做法若沒有以動物治療的基本理念做基礎，即使以動物探訪病人是美意，卻不見得能有正面效果，甚至探訪造成的一部分我們沒有預料到的負面效果，將是一種無形的醫療傷害。

我記得我父親病倒後，我們想幫父親找一家護理之家。於是我們拜訪了一家具先進護理理念的台北護理學院所設的護理之家。他們的每週活動中有一些其他護理之家所沒有的復健活動。很有意思的是，他們有動物狗醫生的探訪活動。我詢問了一下護理人員，可否自己帶狗來看病患，她馬上說不行。因為來探訪的狗是受訓的，而自家的狗沒有受訓。而這種做法與我

們的動物治療理論是不相符合的。

根據動物治療的基本觀念，動物具最大的治療作用，只有在人與動物有個人性的認識與互動才成立。簡單的說，就是我即使喜歡狗，但不見得看到每隻狗我都喜歡。對我最有意義，讓我真正感到愉悅的可能只有我家那條汪汪，而不是這隻受過訓與我完全沒有感情的小黃。健康與衛生問題是另一個話題，但是重點是要有個別性，如果連自己家的狗都不能訪視病患，而讓病患每周與別家狗相處，勾起他的相思卻沒能真正看到他愛的親人（狗），豈不令他更憂鬱。

在德國的動物
對精神病患影響的研究摘要

總結與討論

　　在近期的文獻中顯示，只要有動物的存在，即足以有平撫人的情緒的功能，如血壓降低，使人更常微笑，心情更輕鬆。

　　由對精神科門診的意見調查中，得知動物對他們的確具有相當的社會支持之意義。再者，我們由病患的觀點中得知，動

物有傳統醫療所無法取代的功能，針對此點的討論如下：

一、病患與動物的接觸是完全自然而不造作的，是「現在」而真實的接觸。

彼此的互動是遵循自然的原則。動物對人無所勉強，無所需求，也無所期望，但卻帶給他溫暖善意的感覺。患者對動物無論要不要接觸，都不會被傷害也無負擔，更沒有責任問題，更不會被批評，也不會有怨言。自發性的互動與愉悅，讓雙方都感到歡喜溫馨。這樣的氣氛是歡樂的，也是欣喜的，單就這點就讓傳統醫療望塵莫及。因為傳統醫療中，治療者與被治療者在人與人的互動中，一向有顧忌形象的問題，透過人的文明，人不可能從內心完全自由自在，並完全無忌憚地在別人的面前表現得很自然，也無法真正完全自由地決定及行動。在人的社會中，要與人完全自然、平等、公平的相處幾乎是不可能的。所以，動物在這點有取代人類治療的絕對優勢。這也是臨床報告上提到動物除了有陪伴功能與心理復健外，在醫療的用途上，有積極的復原的治療效果。

二、動物與人類的信任關係，對其心理障礙的重建有莫大的助益，因此動物可在治療中發揮極大的功效。

在對兒童的心理障礙上，動物的貢獻更是不可言喻。

許多兒童的心理問題常是因害怕成人而來的。如果兒童有必要進行心理治療，治療師需要找到與兒童建立起堅固的信任關係的可能。動物在此就如同伴演橋梁的功能，具有搭起心理障礙兒童與治療師的信任關係的功能，動物幾乎可幫助所有的兒童。

可能的解釋如下：

動物在人類的發展的階段扮演非常重要的角色。尤其是兒童與成人溝通的方式不同的時期，如在兒童尚未能掌握語言的發展時期，兒童是活在動物本質的層次中。兒童在未能發展語言以前，人類與動物的需求無異。動物與嬰幼兒的相處溝通，是以牠們自然的本能在進行。在此期，動物對幼兒來說，比成人更加像是自己的同伴。也因此動物比成人讓兒童更能取得本能的信任，而信任關係正是關係是否可能有成功治療的關鍵。

在兒童尚未發展語言能力或尚未能掌握語言以前，兒童有一段時期的心理發展，會把許多物體擬人化，這是人類發展的自然的現象。學齡前兒童世界的感受經歷是動物性的，他們覺得他們與周遭的一切是融合為一的，他們完全投入於與他們共同生活的物體中的。會自由活動的動物，牠們的野性、動力和牠們不能預

期掌握控制的特性，契合此期學齡前兒童的感受、感覺與行為的特質，所以大部分的兒童都會認為動物是非常吸引人的，也讓他們感到非常親近。對兒童而言，動物被當成是自然界與兒童最初本質來由的一部分，體現了兒童自己的心靈觀感。

三、動物可強化人的感受與現實感。動物不僅有陪伴人的功能，而且也具有治療的功能。許多長期患病的精神病患，長久以來因病情影響，而失去了現實感，也失落了他們對人的信任。他們活在自己的世界中，完全排除了他人。治療者或周遭的人很難真正去瞭解到，當初造成他的危機是怎樣形成的，也無法透視他扭曲的感官世界。這種失落的信任感要再找回很難，卻是非常重要。

如果一個病患對動物有所反應，透過人與動物的關係，動物將能把他們從封閉性的世界中走到正常與外界連繫的世界。以下文字臨床報告也證實，一個僵直型的精神病患，對外界毫無反應，卻對一隻來病房探望病患的狗有很戲劇性的反應。「當這隻要被帶回狗舍去時，此病患從她就座的椅子站起，並想要跟著這隻狗。有一天她與這條狗就在病房的走廊上走來走去，並俯下身來撫摸這隻狗。」另外，也有其他的精

神病患回答狗的問題時，回答的較多，也較流利。若是問有關狗的話題時，他答覆的時間縮短，所答覆字數也相對的增多。這顯示了，動物有牠無法取代的功能，動物治療逾越了傳統的醫療。牠穩健人的安全感，讓病患對人遺落的那份信任，重新在病患的人格中生根。

信任感可透過接觸、撫摸、嗅聞、撫抱而贏得。人類需要溫暖、愛慕以及身體的接觸。

過去的研究中發現，初生嬰兒如沒有人的擁抱撫摸，會較平常的嬰兒早死。成人也需要被撫摸與撫摸他人的身體接觸。但經常，在我們人類的成人社會，身體的接觸是不被允許的，因為常會因此而被認為是與性有關係的活動。

這當然是不正確的觀點。皮膚的接觸與撫摸可以透過動物的撫摸而得到滿足。摸一隻動物不會讓人有在道德上的牴觸，或讓人有性方面的連想。撫摸動物讓人感到內心溫暖，平撫情緒。重建病患的安全感與對周遭的信任感，可透過動物與人的關係建立而達成。在這之中，也會讓人有正向的經驗，這些良好的經驗，在精神科治療中，對治癒或復健病患具有關鍵性的角色。

四、與動物有相處的經驗，非常有意義。如果我們早期有與動物有過良好的經驗，動物可幫助我們的就更多。一個人要是在兒童時代就與動物長大，成人時期也就會從動物身上得到越多好處，尤其是在年老或是精神或行為方面偏差時，動物可帶給此人的復原力量就相對地加大。相反地，如果一個人從小就沒有機會接觸到動物，通常在他的一生都會對動物感到陌生。成人不一定都要擁有動物，來讓自己感到快樂。

某些團體的人如藥癮、憂鬱症病患等，如果在他們小時候的生活經驗有過與動物接觸的社會關係，才可能讓他們從與動物的互動的環境中得到好處。也只有在以上的情況下，我們才能考慮到，讓動物做有目標性的輔助治療才有意義。

在個人報告中可看出，動物對人確實有影響力，在病患不舒適時，有些人認為動物會有正面影響，有些人認為會有負面影響。

我們可看到，動物在人的社會支持的系統中是很重要的。可惜，長期以來我們都遺忘了動物有復原的力量。從事社會工作的人，應把這樣一個重要的精神方面的復健力量運用在協助病患上。

結語

　　簡單的說，要動物當我們的醫療者或醫療輔助者，先決的條件是要讓牠真正快樂，感到舒適，這樣牠的出診與療效才有可能對我們是正面的。

　　目前台灣動物福利多不被注重，部分的人也很厭惡動物都是不爭的事實，所以我們在做動物治療時，更需要注意雙方的意願，因為在有一方是被強迫接受的情況下，都是無法有任何醫療上或正面的效應，反而會讓人與動物雙方增加負面影響，而容易出現無法控制的情況，對治療與被治療者都是無法彌補的傷害與虐待。因此在做動物治療的先前評估非常重要。

　　如果一個人從小就沒有機會接觸到動物，通常在他的一生都會對動物感到陌生。對這種感覺我們更必須尊重，因為這是個人的成長經驗，不容忽略，在歐美社會一般對動物都是普遍不排斥，可是在國內國人與動物的相處經驗非常不同，故在不喜歡動物或動物不喜歡人的互動上要更謹慎處理，避免傷害人與動物。成人不一定都要擁有動物，來讓自己感到快樂。

　　某些團體的人如藥癮、憂鬱症病患或AIDS病患，如果在他們小時候的生活經驗有過與動物接觸的社會關係，才可能讓他們從與動物的互動的環境中得到好處。也只有在以上的情況下，我們才能讓動物做有目標性的輔助治療。

全部研究摘要請參考劉威良個人網頁：

- https://www.bingo-ev.de/~bg346/uie/Tiergestuetzte_Therapie/big5/Patient enumfrage_Haustiere_big5.html

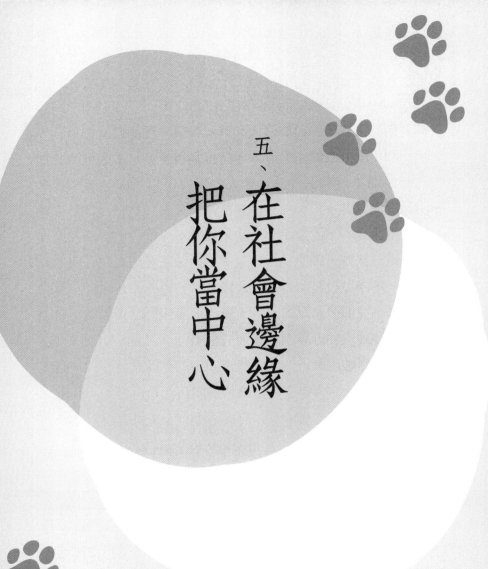

五、在社會邊緣把你當中心

監獄裡給受刑人無條件的愛

讓動物幫助人重回社會，
尤其是監獄的更生人與創傷受害人

在1979年美國的一位多次謀殺人的罪犯這樣說：「這是我的第一份愛，牠愛我，我也愛牠。在我沒有牠以前，我不知道愛是什麼。」這是個真人真事，描述一位謀殺犯在監獄中得到與喜愛他的虎皮鸚鵡，後來拍成了電影。最早期有關動物在監

獄的報導，始於丹麥。而具體研究的最早案例則是1980年早期美國俄亥奧州Ohio的在Lima監獄，由監獄心理師李大衛David Lee所提出受刑人重返社會的研究報告。自此之後，英、美都有更多更深入的相關報導。

多年來德國也有一些這方面的發展，例如在波鴻Bochum的監獄也養了兩隻貓；在習堡Siegburg的監獄受刑人在工作治療中照顧雞隻。德國第一個把動物當成受刑人的輔導者是在Vechta。當時是一隻因暴風造成鴿子受傷，被迫在監獄中避難，年輕受刑人看到不忍，而被得到允許照顧受傷的鴿子。這些年輕受刑人一起幫鴿子造屋。這件事經報導後，受到很多賽鴿協會的人寫信來，給他們很多鼓勵、建議與捐款。

1975年他們照顧的傷鴿復原參加比賽，之後這些鴿子也參加了展覽及各項比賽。

1976年他門還蓋了繁殖的小屋給鴿子。

1976年《動物》雜誌報導中提到，過去這些受刑人，給人個性偏激，與社會脫節的成見，而今這些受刑人於休閒時到鴿子房去與鴿子相處後，他們在性格上很快地變得開放而且容易與人相處。當年年輕人罪犯教化實務協會還給正面的肯定，值得仿效。

曾刊載於《關鍵評論》

當年指導這個計畫的負責人已退休，但這個動物與受刑人的計畫仍持續進行，計畫更擴大到讓年輕受刑人照顧與繁殖農村型態的經濟動物。年輕人罪犯教化實務協會捐物與捐款給監獄，讓他們在廣場中植上綠草，中間挖一個小湖，養鴨子及其他水鳥，給鴿子良好的照顧。他們的這些設施，也讓環境變美，這些受刑人也因之而受惠，可以在短暫的一小時放風中看到綠地與自然。一小時出來時，受刑人會撫摸小鴿子，會跟小鳥說說話，幫牠們修剪草地與做一些簡單的照顧工作。這些工作都讓受刑人感受到非暴力而自然的氣氛。

Vechta監獄中的這些年輕的受刑人也感到很驕傲，認為這是他們一生中最大的成就，而管理人員也覺得他們監獄氣氛轉好。「很多年輕人有了動物的幫助，他們可以克服放出一段時間之後再重新走入監獄門後被關閉的害怕。有些過去很少能和別人溝通說話或有暴力反應者，卻會與動物溝通互動。尤其是這群個性比較閉塞的男人，動物對他們的改變最大，他們從動物身上得到正面改變也最多。」這個動物計畫讓更生人在被監禁期間可以從事有意義的事。藉由動物，他們所學會的木工及與動物照護相關的工作，都可能成為將來他們出監獄之後的一技之長，也讓他們學會對別的生命負責任，增加他們就業的可能。另外，透過動物也讓他們再度與別人接觸，學會與管理者及其他更生人溝通及共同合作照護動物。這些對更生人重回社

會，都是非常重要的基礎。

但是可以允許動物飼養在監獄中的，只是少數。Berndhard Merkl在雷根堡的社會學報告中提到，僅有Stadelheim監獄會讓飛來監獄所的鴨子留下來，讓所中更生人把照顧鴨子當成是工作。在關閉比較多無期徒刑的Straubing，允許更生人可以在一定的條件下飼養虎皮鸚鵡（小鸚鵡），在精神科部門養的兔子房，是大家都喜歡去的地方。另外，也讓更生人自己做一個生態園區，養魚及烏龜；還有兩隻自己跑來的貓，當然也是這個獄中的動物家族成員。

與相關法律事物的相關機構中，漢堡市有個犯罪機構的官員Markus Meyer，自2000年起會在他的治療會談中讓有受訓的治療狗一起與他出現在會談中。他的個案大多是曾因家暴或被強暴者，或有這些經歷者變成施暴行為人的個案。在他的描述中，提到有治療狗的功能在於讓會談個案與他比較能取得信任感，也會讓會談氣氛顯得比較輕鬆。他的比利時同事Nelly Creten更用這樣的作法來延伸到創傷心理個案的治療。他認為，動物有時會讓年輕受害者不僅認為是個被害時如同證人的身分，也讓他們感覺動物也和他們一樣是被害者。

美國受刑人與動物

1983年李大衛在俄亥奧Ohio州做研究時，當時Lima的監獄

就有十五個魚缸，一百六十四隻動物，這些動物包括羊、鸚鵡、小虎皮鸚鵡、小黃倉鼠及其他齧齒類如兔子、天竺鼠等動物，鹿以及貓。他的報告中，提到在監獄的困難時光裡，動物是一個特別而且有效的輔助治療者。

早期這個監獄是關禁一些重犯的更生人，他們原本就不願與人接觸。在一個偶然的機會中，他們撿到一隻受傷的麻雀，更生人暗中帶他們到房子裡來照顧。監獄中完全沒有綠地，除了更生人與守衛外根本沒有其他有生命的動物。當管理監獄的人知道他們暗中照顧小鳥時，允許他們照顧小鳥。這時發生了，令人想像不到的事。這些原本對外界毫無興趣的更生人，開始去抓小昆蟲給麻雀吃，讓每個更生人都有與小麻雀獨處的時間。這是這些更生人第一次與其他更生人有共同的興趣——共同照顧一隻麻雀。他們因之與其他更生人有共同的話題，也與監獄管理者聊照顧麻雀的話題。

後來李大衛用學習心理學的治療原理，讓更生人參與一些與動物有關的照料工作，都顯示更生人因要擁有動物而延伸到其他照顧魚缸等其他的動物照顧工作，比起其他監獄，這個監獄也因為有與動物的互動而減少對管理員及其他更生人的暴力行為，以及自殺行為。

受刑人訓練狗狗

　　李大衛在美國的研究報告，引起了很大的迴響與仿效作用。在華盛頓州的Gig Harbour，獸醫Leo Bustad與社會中動物與人關係研究的執行長Linda Hines共同在女監獄的研究中，有明顯的效果。一個年輕的女受刑人說：「這是過去五年來，最好的計畫。這個動物與人關係的計畫，讓我更了解自己，也讓我學到很多。原本我以為我是個心死的人，對什麼都不再有興趣。一個星期兩次與狗碰面互動的機會，讓我知道，我對活的生命還是有反應與感動的。」

　　這個女監所動物與人的計畫很不一樣。它是讓受刑人受訓，讓他們教育訓練狗狗成為可以幫助人家的狗，比如把狗訓練成導盲犬、幫助聽障人的狗、還有幫助身體殘障者的狗。計畫中還會教導他們動物習性的理論與實務。

　　這些女受刑人自願報名，常需要等待很久的時間才排得到參與這項社會治療計畫。參與計畫的人中尤其是女性受刑人，她們覺得第一次透過動物與外界溝通接觸，提高責任感，第一次覺得做了有意義的事。另外一個重要的，是透過動物，這些受刑人也有機會與監獄外的人與機構接觸，當然也達到了所謂正常化的層面。

最後當然會面臨到這些女受刑人要與好幾個月相處的訓練狗分開的狀況。讓這些女受刑人感到比較輕鬆一點的是，她們跟狗狗分開後，很快就再接另一隻狗的訓練工作。她們可以因為新的任務而減輕與過去狗分開的悲傷。在訓練結束後，最重要的是要把狗給殘障者，女受刑人還要與殘障者共同與狗共同訓練十四天。當他們看到狗狗可以完成訓練而幫助殘障人士，這種成就感是無法比擬的，相對地也對分開的悲傷較可以釋懷，而且通常訓練後一、兩年，狗狗與殘障者都還會繼續接受下一個訓練計畫，因此，與狗狗分開也不是永久的；之後通常女受刑人還是與接受狗狗的殘障者有書信往來。另外，這些參與過這項計畫的女受刑人，出獄後也沒有再犯而成為受刑人的紀錄。

自由活動的監獄與動物飼養

另外一個成為典範的監獄是瑞士的Saxerriet。

「這個監獄沒有圍牆，沒有欄杆。進到這個監獄第一個看到的是被繫著的馬，有鴨呱呱的叫聲，有養牛的大草皮，也聞到豬圈的味道。監獄的建築，很像是個學校。受刑人活動是自由的。」這是1999年《世界周報》（Die Weltwoche）的報導。它符合很多對現代監獄的要求原則，比如是開放的空間、真實而正常的工作生活、不同的教育治療性的活動安排以及讓他們在

親近大自然與親近動物的環境中，上適合受刑人課程的教育課程。

重刑犯

　　《基礎》（Baustein）雜誌報導提到：「這些監獄中的重刑犯，在數度往返國家機構，常讓人感到他們的態度不清楚，唯有當他們接近動物時，他們的態度才是清楚自然地表露。在他們的日常生活中，他們在動物中重新找到信任與人生的希望。他們第一次感到對其他生命體的責任感，也讓他們感到在他們此生中第一次有生命需要他們，讓受刑人感到被依賴。」在監獄中，他們也允許擁有個人在他們的囚禁室中養貓。

　　在監獄中的雜誌報導中提到：「有些時候，我會想到，為什麼我要在這，這世界上根本沒有人需要我。只要有一個人或是即使是一隻貓，就足以讓失去自由的受刑人感到有歸屬感，這種感覺讓人感到人生還有一點光明。大家不要忘記，即使是受刑人也是個人，也有與一般人一樣的感覺。我們需要克服這段期間對我們的考驗，當我們對一樣東西感到有歸屬感，對我們在這期間的幫助就很大。我可以想像，擁有自由的人，無法想像我們的處境。我們其實也如同其他人一樣，也有要保護人的直覺需求，也要有個東西或生命屬於我們。」

　　「當晚上貓咪回到我們囚禁房中，來我腳邊磋磨，讓我撫

摸，我就會忘了所有辛勞與擔憂。」

「每當我無法再支撐下去的時候，看到迪迪趴在我肚子上，這個世界對我來說看起來就不一樣了。當我看到牠耍寶、玩球，聽到牠玩鬧的聲音，我就覺得自己不是單獨一個人。我覺得當下這個生命對我產生的意義，也是活在世界上每個人的需求。……最後，我非常感謝這個監獄管理，讓我能擁有自己的貓。沒有這些動物，我的生命將不再有意義，沒有迪迪相伴，我的心理情緒將是完全不一樣。」

青少年教養問題，動物處方也有效

現代社會很多家庭問題，常讓孩子因為父母的疏失而產生教養的問題。這些青少年很多有情緒障礙的問題，動物的替代教養，常讓教養者感到吃驚。

教養者必須讓這些有問題的青少年不能感受到強迫，讓他們可以自然的回復到現實生活面對問題。這些教養者必須找到青少年也有興趣的部分，讓這些孩子自願自發地決定學習改進。

1970年代德國Dortmund的一家市立教養院，開始用動物來輔導改變青少年孩子的生活。教養院中有山羊、綿羊、垂著肚子的豬、天竺鼠、兔子、雞還有烏龜。「動物是我們最主要的教育工作者。」教養院中擔任教養工作的Rolf Podgornik這樣說。

　　很多教養院的孩子，在完全沒有信任感的環境長大，他們對人感到生疏、不信任，並有暴力行為。教育工作者想盡辦法希望這些小孩能回到日常正常生活的軌道，

　　動物常常是他們最大的助手。對人們非常不信任的孩子，動物很容易讓他們打開心扉。他們在照顧責任中學習到責任感，他們充滿驕傲地讓參訪者看到他們所照顧的小綿羊、小馬與小雞；他們從來不曾在動物身上碰到釘子，他們在動物身上重新學習到信任，這彌補了他們對教育工作者或成人世界中遇到的不符期望與失落感。

　　現代家庭帶來了問題諸如離婚、單親、雙親工作，或中低收入戶等社會中低階層家庭，都讓孩子生活陷入生存的苦境。很多父母親也無法照顧到孩子的生活，因為他們自己自身難保。越來越多的父母需要社會機構的諮詢與協助他們的孩子成長。有些小孩子經過評估，則必須要離開家庭一段時間，這些青少年與兒童幾乎在家都有不好的經驗。這些家庭父母很多有酒癮、暴力、工作負擔過重的問題，他們對自己孩子的未來與命運完全不感興趣。這些孩子的學校表現常常是生病或是成

績很差，有些孩子還因之有學習障礙。這些孩子與他們的朋友相處也困難，因為他們常常不知如何與朋友保持良好的距離互動。很多這樣的孩子如果沒有適當地有教育工作者的介入，他們將來可以想像，多可能成為酒癮與暴力犯罪者。

讓這些家庭有狀況的孩子離開原生家庭，另外住於有教育機能的住處，至少讓這些孩子的未來有希望，能負擔起自己未來的責任。

第二個住家，教育工作者希望能在日常生活中幫助這些孩子能減輕情緒障礙、穩定性格及人際關係改善。這些孩子在發展上都有一些障礙，有些行動太緩慢，有些則是過動。有些語言或非語言障礙明顯，他們從來沒有學會如何與別人一起共同遊戲或相處。因為他們行為的問題，也經常讓他們周遭的人引起不滿。教育工作者必須讓這些孩子有興趣，並慢慢學習一種新的生活。但在這裡會遇到的問題是，這些青少年與孩子對大人的信任是幾乎沒有的，他們很難取信於他們。

動物輔助性的工作和問題青少年

Charlotte Hübsch在紐倫堡的基督教專科大學的《用牛、貓來當輔導青少年的助教》論文中，提到對問題青少年用動物來輔導可以達到非常有價值的效果。

在紐倫堡馬丁路德青少年之家，青少年在各方面都有長足

的進步，例如在情緒上，如克服懼怕，減少暴力上與增加同理心的改善，動物讓青少年有成就感，也強化了他們的自我知覺與意識。在社會能力方面，透過動物增加他們與他人的合作關係，增強他們與他們及動物的關係。身體協調能力方面，自然地減少肌肉緊張及過度過快或過多的動作，與動物相處互動帶來粗部與細部自主性運動的協調。在工作教育訓練上，也訓練青少年準時、規則性與整齊清潔，增加對工具使用的敏捷性以及掌握工作的前後順序、團隊工作改善注意力與實行力。

當然在自然與動物接觸中，也會減少對電子媒體如電腦、電視的依賴度。在照顧動物的過程中，他們必須護理清潔動物的排泄物，尊重了解動物的生活習性，也讓他們學到尊重生命及生命中的生老病死。論文中提到，以上各方面透過動物的輔助治療有長足的進步；論文中更特別強調，在情緒上與社會能力方面的進步最好。

負責人Reinwald總結青少年的說法，他們說：「動物需要我，我必須照顧他。牠帶給我歡笑，我可以緊緊地擁抱牠。牠不會介意我的失敗。牠幫我表達我的感覺，最重要的是，牠是這一生中都不會離棄我的最重要的同伴。」

美國Green Chimneys典範

Green Chimneys是個在紐約大城設置的協助青少年機構，協

助家庭有問題的青少年。心理學家Andreas Beetz曾提到這家協助紐約市青少年的機構，是個可以以動物協助青少年與兒童的典範。這些青少年有各種情緒問題，性與酗酒濫用等問題，之前都在別的醫療機構接受醫療。有些是由家屬帶過來，有些則是由青少年機構帶過來，他們都有學校方面與學習障礙的問題，他們在學校從來沒有成就感的經驗。這些青少年是社會上被稱之為問題少年的一群人。

在一百個青少年中，也都有安排教授等各種專職教育系統的專家協助，透過各式各樣的教育訓練與農莊式的照顧動物、花園工作、騎馬及運動來輔導治療這群問題青少年。

「有動物參與的活動，對青少年在社會、情緒與學校表現方面的傳導治療效果最好。」最能發揮效果的是「野生動物案」。這些受傷的野生動物，由這群問題青少年照顧，被照顧的野生動物讓青少年想到他們自己的境遇。

在他的研究中具說服力提起：一個問題少年從機構中的離開，就像那些野生動物被照顧恢復以後重回大自然一樣。

有了越來越多的動物正面影響教養的實例，也鼓舞歐美各機構的仿效。德國科隆的馬丁之家Dorlar教養院有兩百個個院童，也讓動物輔助治療，成為輔導教育的一環。

雖然科學研究的數據在教養院的研究中並不多，但是從一些個案與各國研究報告中，我們得知一些身心有問題的少年得

到動物的正面影響確實是有的，我們也可以從健康兒童都能受到動物正面影響來推論，行為有問題的兒童與青少年，會受到的助益將更大。

三個個案

Heinz Gottfried Brücker是德國Fredstedt這個育幼院的負責人，育幼院的孩童從幼兒到成年都有。他的報導也給我們非常深刻的印象。還有Johanneshof教養院，是收容行為有問題的院童，提供白天的教養與照護工作，負責人Barbara Krauß也報導了他們院童的案例。

★山姆Sam親切的大狗與行為問題兒童

Sam一來這個有行為問題的兒童住家，馬上受到歡迎。他體格龐大而毛絨絨的樣貌，讓孩子喜歡不已。牠是孩子的安慰顧問，可以親親抱抱的大絨毛熊，也是孩子的玩伴及室友。牠可以讓原本對什麼都無感的孩子情緒有變化，任何人都無法對牠有負面的評價。Sam讓孩子的眼睛真正打開看這個世界，也告知他們這個真正世界的樣貌，因為動物也是一個生命體，牠大得讓大家不可能去忽視牠，而牠也有牠應該被尊重的生活習性。

★羅尼Rony小狗的功勞

羅尼是一隻小公狗，體形較小，雖然牠不像Sam那麼容易引起注意，也沒有Sam那麼有耐心與孩子們玩，不過牠讓所有跟

牠有接觸的人都知道應該如何保持怎樣與牠親近的距離，與該如何敬重牠的態度。大家要與牠接觸，都需要耐心了解牠的個性，需要花一些心血與培養與牠相處的默契，比如了解牠的喜好與該怎麼對待牠。孩童學習到狗狗個性的不同，也必須比較敏感地去接觸動物，並與牠們建立永久的友誼。

★公鵝亞當幫助克服懼怕

Michael八歲時來我們的教養院，他從小就被燒傷過，是個非常膽小的孩子。他常被我們帶去照顧餵養鵝的工作。有一天，我想帶他去面對他的恐懼。

我們的公鵝亞當Adam是一隻當人走到牠活動領域時，會咬人的鵝。我教Michael要用力對準牠的眼睛看，走過去靠近牠，必要時用力抓起牠的脖子。一個星期後，亞當這隻公鵝對Michael有了敬畏，對他進去時不再有攻擊的態勢時，我們也為他能克服恐懼感到無比的興奮。很多院童都非常佩服他敢到亞當那裡。

從此以後，當Michael面對恐懼，知道可以用什麼方式處理，恐懼也就不會無限擴大，因為他知道他該如何練習，讓自己膽子大些。

★豬菲迪南Ferdinand可以啟發愛心

菲迪南是一隻生下來就很脆弱的豬，我們必須要從豬舍把牠帶出來房裡照顧。照顧工作非常的繁重，必須兩小時餵食一

次，還要按摩。就像小小孩一樣，牠需要溫暖、與人接觸及受到注意。三個負責照顧這隻小豬的小孩，完全沒有退卻，他們自願完成這個艱鉅的任務。很直覺地，他們感到這隻小豬的無助與依賴。

孩子們第一次開始花時間在這隻會用鼻子呼呼叫與他們不懂的叫聲的豬身上。照顧的孩子必須學習小豬叫聲的意含，必須觀察與行動。當然我都會在旁邊觀看，如果不妥隨時矯正。我們之間因為菲迪南的關係談得很多，如果菲迪南很微弱時，我們甚至會談到生老病死的問題。如果菲迪南很幸福地睡著，與快樂地跑與跳時，我們也都感到無比的驕傲與快樂。

這群孩子是與菲迪南一起為生命奮鬥而長大。他們必須一起談話，共同合作。這件事對這三個孩子來說，非常重要，當菲迪南六十公斤時，大家共同為牠歡呼。

我們還有很多故事，這些故事都一再告訴我們：當輔導遇到困難無法有突破的瓶頸時，動物可以重建孩子的社會能力。

動物的優勢

一、與動物接觸會讓肌肉鬆弛，減少僵硬。沒有懼怕的溫柔對待，可以導引心理較為敏感的程度。

二、動物都渴望被喜歡。他們找動物，動物不需巴結討好；越常靠近動物，動物越喜歡跟院童在一起。

三、透過照顧弱小的動物，會讓人產生責任心。

四、動物也會讓人很容易有成就感，比如照顧能力的肯定，馴服的能力及被羨慕。

五、動物有耐心，也教育別人對牠們有耐心。

六、動物不會傳遞拒絕的訊號。這個對我們的治療很有意義。教育工作者或照護人員經常會遇到一些讓我們感到矛盾的現象，一方面青少年會把他們至今所經歷到的憎恨表達或轉移在其他人的身上，另外一方面，他們為了得到關愛，也會把照護或教育工作者理想化，只為了得到他們的愛。隨時他們都等待成人給他們什麼樣的訊息，做怎樣的反應，他們隨時也會想到如何取悅成人並且在意成人對他們的看法。動物不知道這些困難的情況，用最自然的方式與他們相處，在這個被關注的關鍵時期，動物的輔導治療功能幫助也最大。

幫助藥癮病人走過窘迫與不安

　　藥癮病患很少能夠成功戒癮，他們很容易再犯。

　　1980年代的維也納心理治療師Günter Perhhaupt就曾利用動物讓藥物成癮病患的病情穩定，使之重新社會化。在南美洲有希望農莊，專為藥癮病患而設；荷蘭的藥癮病患則是與其他殘障者或失智病患或行為問題的青少年的農莊一起治療。

「希望可以透過動物讓藥癮者的正向能力，比如他們的專業及社會能力能被強化。」身為農業科學家與經濟動物對人影響的研究計畫主持人Jan Hassink寫到。

　　自2004年起的Winnenden這個精神科病房，Justin就擔任治療犬。醫院負擔治療犬Justin的稅以及保險、牠的飼料、醫療費用及受訓的費用。這個病房是專門治療必須戒癮的病患，很多病患因為酒、毒品或藥成癮的問題已經造成器官嚴重的傷害。

　　病房護理長Gerd Böhner認為，在急性戒藥期是最令戒隱者感到窘迫不安的情境。狗狗要能在這種幾將爆炸的情境中幫助他們。牠所製造的溫暖與愉悅的氣氛可以協助他們挺過這種難過的情境。這位護理繼續敘述：「每當Justin對著窗簾低聲吼叫或者是把自己捲起來用嘴追咬著自己尾巴的模樣，都會讓彼此之間的談話熱絡起來。」

遊民一無所有，動物也愛你

　　常常我們在街頭會看到遊民帶著他們的動物四處流浪乞討。很多人不喜歡出租房子給養動物的人，這讓擁有動物但需要到處找家的遊民更不容易找到他們合適的住處，即使是這樣，要遊民放棄他們忠實的生活伴侶幾乎不可能。

　　在德國斯圖佳特1991年10月31日的報紙Berber報導，當時要讓遊民從帳篷迫遷移居到Necktar河堤旁時，提出不准擁有動物

的要求，悍然被遊民拒絕。

　　其實這種情況是完全可以讓人理解的。人在低潮與不如意的情況時，失去朋友與熟悉的社交疏離，是很自然的事。動物給他們的回饋，並沒有因為他們身分的高低而有不同。有些遊民甚至是等到動物吃過後，他們才吃剩下討食到的食物。討食的感覺，他們與他們的狗更是感同身受。動物讓遊民在無處是歸處的街頭流浪時，感覺到受到動物夥伴的保護與安慰。牠們不會看不起他們，也不會排擠他們，牠們給他精神支持與溫暖是一般人難以想像的。在德國南部法蘭區有個雜誌報導街頭遊民生活的雜誌《十字路口》就提到街友對動物夥伴的說法，Tina Rapf在〈狗狗對窮人〉的報導中說：「如果我們窮苦，但我們喜愛我們的動物與富裕的人喜愛他們的動物程度是一樣的。」「我們比富有的人更需要動物，因為我們的朋友一直慢慢減少。」

　　斯圖佳特的遊民報紙《遊走》（Trott-war）刊出一位遊民的詩，就讓人看到她失去陪伴她的貓咪的心情。

　　　你是一個個體
　　　來自另一個世界
　　　帶著你的嫵媚可愛
　　　還有你的愛

我的世界因而明亮起來……

感謝你　真心　真心　感謝你

你的媽媽

　　通常這樣關係緊密的夥伴關係，夥伴動物過世後，對遊民來說經常是個危機。如果我們要幫遊民重新走入社會，接受他們的動物，讓他們繼續擁有他們的動物夥伴是比較有意義的。斯圖佳特他們的醫療團隊在給遊民打預防針時，也同時幫他們的同伴動物打預防針。德國聯邦動物保護聯盟Deutsche Tierschutzverbund指出，遊民所養的動物，狀況都不錯。動物不僅是會被幫助到，透過與動物相遇相處及與動物的談話，人也同樣受益。

六、動物保護是國際語言

台灣動物權，國際關心

台灣動物權與飲食文化

在台灣，從事救援流浪狗的人一向被社會仇視，認為他們餵食動物的救援行為製造更多的髒亂，救援的狗造成社會更大的負擔。但事實真的是這樣嗎？

一般台灣人尚未有保護動物的意識，許多報章雜誌也多把動物問題列為邊緣問題，關懷的人被認為是多出於個人的愛

心，是心軟的人的個人行為，報導的處理多偏於聳動的虐待新聞事件，而從不把虐殺動物行為的暴力，認為是一項非常嚴重的社會不義，從未檢討這個社會結構性的不義現象的體制，背後的人民自私文化及政府出資數億的謀殺行動，收不到任何成效的非理性政策。

自有流浪動物的問題以來，暴力性的捕捉撲殺一以貫之，雖目前改為零安樂死政策，但沒有配套措施，仍一樣是卸責。遇到違建的狗舍拆除，更是罔顧輿論，不顧動物性命的直接殲滅性命。在補助的救援行動的費用上，對私人的收容所少之又少。這整套的暴力而無成效的預算，卻不見社會團體監督，放任政府執行這整套的暴力政策。

在此，我們經常看不到對弱勢關懷的組織出來監督，只見幾個動保團體抗議，卻得不到社會的共鳴。整個台灣對待救援狗的行為，都只認為那是婦人之仁，不值得小題大做。社會運動社團的議題結盟，似乎也有意無意地不找關懷動物的協會。許多的報導，把動物的救援行動當成是基本惜生的道理，而整體造成此種暴力行為的社會機制及結構問題，不曾看到媒體嚴肅的探討。

這裡我們要問，是不是我們的飲食文化隱藏的暴力元素，讓我們的人感受不到我們對生命的殘暴？一個西方人看到碳烤蝦子認為是件殘酷的事，正因為他感受到牠正被活生生一秒一

秒地被燒死，看到蝦子的腳在空中掙扎，幾近無力，最後死亡，所以認為這樣的死是殘酷的。這是他們認為殺生的道德，不要為了口欲而虐待、遊戲動物的生命。而我們習以為常的生鮮活殺的吃法，把吃燕窩、魚翅及熊掌認為是美味，把飲食當成第一位，而卻從不會去思考怎麼吃。因此對動物的虐殺，根本不是我們道德考慮範圍內的事，當然也就沒有道德衝突。如此累積下來漠視暴力的飲食文化，當然讓我們意識不到眼前的殘酷，讓我們可以聽到卻感受不到身邊一隻幼犬的哀號。

當一個社會體會不到甚至不懂殘酷是什麼時，這個社會的人是怎樣的呢？也就難怪台灣容許自己的政府做希特勒，殲滅流浪犬用淹死、電死、毒氣毒死、棍棒打死、容許用藥以粗糙的手法針刺心臟，聽到動物尖叫至死，卻還自稱是安樂死的獸醫。

動物權與社會運動

西方人的社會運動有其歷史背景，在社會運動的過程中有各種不同程度的方式表達。激進者，以暴抗暴，實踐市民不服從主義，由理念到行動策化，皆因組織的方向而有所不同，正如他們的政黨黨派有不同的派別，分左右或中間，激進者以前衛自稱。德國綠黨剛出道時，也自詡非左右的傳統黨派，而是前衛的激進路線，在納入執政的體制後，他們也面臨到嚴苛的

批評。以這樣的角度看他們爭取動物權，就不難理解他們是以從事社會運動的理念在做爭取動物權益的事。

　　他們認為弱勢的動物無法抵禦強權的人類，而人類對動物的運用範圍越來越大，舉凡肉食、衣服皮件、化藥、科學實驗、各種訓練教學，對動物的需索無度，但對動物的人道考量卻極微少。如果沒有人以各種方式進行抗議，這些利益團體怎會節制他們的對動物利用的範疇？

暴力行為不被允許，但這些對動物進行各種虐待實驗的人，他們的暴力可被允許？這些以暴力伸張動物權的人，不值得鼓勵，但他們知道一旦為動物引發的暴行將受刑罰，仍義無反顧為弱勢的動物爭權益。而那些從事暴力實驗的科學家，在實驗於貓腦成功後，他們真的相信可拿來做人腦的類推嗎？可能他們會說：「離到做人類實驗的階段還太遠。」如沒有直接關係，為什麼仍要做動物實驗？人和動物的基因差別非常遠，做出實驗的可信度有多少？以現在的基因工程，難道無可取代嗎？如果人類自比非動物，為什麼又要做動物實驗？動物只是他們的工具，一份份人類的實驗動物的論文，其實都是人類以各種方式虐待動物的辛酸史。

德國動保人士，擁抱台灣流浪狗，要給台灣流浪狗一個家

在1997年德國最大雜誌之一的《星報》報導台灣流浪狗的受虐待處境後，震驚歐洲。德國的動保團體更數度派員瞭解報導，近來並攜帶三十萬份的歐洲各界抗議信函，表達要求台灣政府改善流浪狗的非人道對待。而德國的動保人士及數家的收容所也決定準備要收容台灣的流浪狗。對他們來說，看到動物受苦，他們的內心所受的煎熬更大。維護動物權益在台灣還是啟蒙的階段，但動物的受苦是無可等待的。

動保人士中，有人以暴力觸法，引爆新聞，用人的自由換取動物的自由；也有人以溫柔的擁抱，甘心出錢出力負責千里海外的動物一生。以這樣的角度看全世界的動物保護運動者，我們會不會覺得他們天真得不像活在真實世界的人，而是人類的天使？

零流浪犬才是正道

　　現在的零安樂死真的是進步嗎？

　　台灣政府真是不罵不改，罵了，政府就乾脆放手不管，讓流浪動物自生自滅，回到比原點更遭的困境。過去動保法剛出爐，因為有得以處死的法規，各地政府有了處死預算，大家也就選擇眼不見為淨，處死優先。當時從捕抓到處死的人事、器材、設施等費用加總起來，一隻狗的捕抓到處死要花納稅人

借鏡德國：毛小孩的神祕力量——從歐美動物輔助治療看台灣動物福利

的錢數千元台幣。台灣2009年官方統計是一年有九萬多隻狗處死，一年花上數億經費處死同伴流浪動物，毫不心痛，也不手軟。處死巨額費用花了，但有愛心、真正想保護動物的人，卻在制度中被扼殺了，因為他們受不了良心的譴責。

拜數年前紀錄片《十二夜》之賜，深入揭露了台灣流浪狗的悲慘命運，著實感動了全台灣許多有良知的人，在大家的努力爭取修法下，現在的政策是，政府兩手一攤，法令規定不允許安樂死。直到2015年為止，一年要至少人工處死過量的兩萬隻狗，自今年二月起就自動消失了！各地政府的一紙命令，就如同神仙棒一樣，可讓流浪動物化為烏有？看來政府打算讓牠們在街頭自生自滅，回到原點。這如果是默許的政策，那就是政府束手無策的政策，流浪狗被棄養的可能沒有強加管制，誰要為這些流浪生命與人民的公共安全負責任呢？

棄養更多　環境惡劣　收容變虐待

桃園新屋公立動物收容所園長簡稚澄獸醫之死，她低調到無言地走了。她有心，但無力。她的心情，接觸過動保者都了解。我們除了扼腕，還可以做什麼？我們社會反省到真正動物的福利嗎？

近日許多動保人士擔心再爆棄養潮，因為大家認為不殺狗，棄養沒有罪惡感，頂多繳一點費用，可以換得良心上的平

靜。農曆年前報載有的狗十五歲了，還被主人帶去公立動物收容所棄養，主人把牠丟在公立收容所離開時，狗的眼神露出驚嚇，身體顫動，不知所以。

公立收容所即使因為環境不適，以後就算都不抓了，人家棄養帶來的狗，公立收容所能終身飼養牠們嗎？擁擠狹窄的環境，就算要終養牠們，對狗狗也是嚴重的精神虐待。政策沒嚴格控管犬隻買賣，棄犬源頭，一樣多的棄犬，可以說不安樂死，就是提升了動物福利嗎？簡園長如在世，看到流浪動物收容，在不論是公立還是私人收容所的狹小環境，沒有家庭，她會感到安心嗎？

狗狗原本的安樂死如果是短痛，現換來了束手無策、漫漫無期的長痛，終身被監禁在狹小的空間，有的狗籠根本無法讓大型犬隻站立，這種飼養方式，已經是違反動物保護法的第五條第五款「以籠子飼養寵物者，其籠內空間應足供寵物充分伸展，並應提供充分之籠外活動時間。」法令明文要有空間足供寵物充分伸展，並提供充分之籠外活動時間，這點許多公立動物收容所根本無法做到，尚且即便是各大公立動物收容所，收容環境多是封閉式飼養，傳染疾病的機率非常高。民間的絕育流浪動物即使奏效，也不能終極解決流浪動物引發的公共危險的危機。

德國管理狗如管理車輛

德國沒有零安樂死的規定，但卻也幾乎不做人工安樂死，而街頭沒有流浪狗，原因在哪？因為政府花錢教育民眾的經費與台灣過去殺狗的經費比例一樣多。

他們花錢教育，培養正確飼養及領養觀念，並且嚴格執行控管棄犬源頭。德國管理狗，完全不是基於道德與愛心，而是基於人的公共安全。

他們管理狗的概念與管理車輛是幾近一樣的道理。養狗者要繳稅，這不用多說；惡意棄養狗的罪行，如同是造成公共危險罪的罪行，所以棄犬會重罰。每隻狗的主人就像擁有車輛的主人一樣，開車者要為自己開的車負責，狗主人必須管理好自己的狗，所以有動物的第三責任險，動物造成的他人損失，一般都有理賠的風險管理。德國培養負責任的養狗與繁殖狗觀念，讓德國沒有流浪狗。德國收容所的狗，其實大多來自國外救來的流浪狗。

德國的零流浪犬，簡單歸類如下：

第一，德國惡意棄犬要罰兩萬歐元，相當於六、七十萬台幣。

第二，德國沒有公立收容所。所有收容所都是民間設立，政府依地區市民的人頭補助或提供水電及土地的免費使用與優待補助。透過民間收容所的公開開放與透明管理，可以與一般

人民充分交流，也達到監督收容所品質的目的。一般有愛心的動物保護人士都會是該區動物保護協會的會員，一個十萬人口的小城，動保協會會員達到上百人的會員，比比皆是。

第三，德國賣狗有嚴格限制。狗在德國的寵物店是不能買賣的。寵物店賣貓狗用品，但不會賣狗與貓，櫥窗也沒有狗貓作為展示用。因為，在德國，貓狗等同伴動物的法律位階與觀念就是人的夥伴，所以，一般人如果不允許幼童在櫥窗被賣，同伴動物亦不允許被展示來賣。這樣不展示的結果，可以減少許多人在一時衝動而買下寵物，減少動物被退回或棄養的可能。

第四，為了狗的健康發育與控管犬種隻數，狗的買賣都是有民間犬種協會相互嚴格管控。一般來說，母狗要大於兩歲才可以有第一次的生育。生育一次到下次生育要至少間隔十二個月。

很多犬種協會甚至會規定到兩次生育間隔必須有十四個月以上的間隔。一般母狗生到七歲就不能讓牠再生。一隻母狗一生中最多生三次到四次。

第五，具有動物收容所的動保協會，在動物被領養時，他們會與新的狗主人訂立契約。狗從收容所領養出去，一定要做過絕育。契約上會載明狗的身心狀況，新狗主人必須接受動保人士的不定期飼養檢查。領養狗者要付絕育費用（低收入者

免），帶狗到動物收容所棄養者，也會被要求捐款。領養出去的狗，短期內發生健康問題，而沒有被告知，領養狗者可提告收容所。法治社會用規契約來規範，訂立契約，保障的是雙方權益。

德國狗在街頭遊蕩，馬上有人報案

　　基本上德國收容所的貓反而比狗多。德國街頭偶會見到流浪貓或家貓在街頭遊走，但看不到沒有主人在身邊的狗。前幾年我家的狗在德國小城走失近兩個小時，打電話詢問警局，馬上被告知，有人曾於一小時前打電話報案，在哪個街頭看到體型毛色近似的狗在街頭遊蕩。報案者多不是因為愛心，而是因為公共安全的理由。一般狗在街頭沒有人陪伴遊蕩一段時間，通常會有人通報該區的動物收容所來安置，以免造成公共危險。一般來說，每隻在街頭的無主狗，都被德國市民盯得緊緊的，因為，無主狗遊蕩就如同「無主車」在街頭亂跑，不控管是會對公共安全造成威脅的。

　　德國動物收容所的動物健康狀況一般良好。因為這樣，才會讓人有意願到收容所去領養動物。彼此信任是最重要的原則。德國動物收容所的狗被領養率多超過90％以上。而台灣的公立動物收容所的環境狹小，大多是封閉的空間，易傳染疾病，也讓一般愛狗人即使想領養也望之卻步，再加上零安死的

棄養潮，公立收容所的飼養環境將更差、更狹小、更擁擠，狗更容易感染疾病，公立動物收容所的飼養環境不佳又如何能鼓勵領養？狗進了公立收容所，未來在哪裡？

寵物店狗的哀歌

　　屏東一家寵物店惡意虐待狗狗！雖然防疫所出面處理這個案子，但不肖業者是否得到應有的懲罰？無從追究，因為台灣現行的動物保護法，只是個行政法，對不法的繁殖業者和寵物店，其實沒有嚇阻作用。在時局紛亂之際，與其等待修法，不如從「以認養代替購買」做起。

寵物店的狗活得好不好？好像很少人關心，看牠們在櫥窗中被擺得很可愛的模樣，大家也不會去多想，牠們一天吃幾餐？牠們有沒有病？牠們喜愛活動，在那小小的鐵籠中能跑能跳嗎？

　　六月五日愛狗人士發現屏東一家寵物店業者，虐待他店裡的狗，店裡屍臭陣陣，許多狗病得奄奄一息，卻未得到妥善的醫療照顧，甚至餓到皮包骨，丟在籠裡等死，讓人看了難過。

　　愛狗人士告發後，執法人員前往取締，接管店內將近七十隻的狗，但仍讓十七隻還算健康的狗被偷載走！處理這案子的官員對狗被載走表示不知情，倒很在意狗狗所有權問題。扣除病死和被偷走的狗，剩下的四十隻狗大多病弱，暫時移到屏科大收容所，在所有權問題未解決之前，前途仍未明朗，將來是否開放讓民眾認養，還是未知數。

　　這些狗狗的所有權很重要，但受虐的動物，不能受到公權力的保護嗎？問官員，如果民眾要收養這些狗，有沒有補助？官員沒有答案，只強調牠們是有價值的狗，可能會有人搶著要⋯⋯。

　　寵物店的狗，命運有些比一般流浪狗還慘，因為牠們是私人的財產，碰到這一環，政府就只顧人而不顧狗了，即使狗可能是被該寵物店業者載走，也不太想追究！民間人士的關切竟像是幫不肖業主擦屁股，爛攤子由政府與愛心人士收拾，這名

據說也兼營繁殖場生意的寵物店業者即使被罰，也無傷，他把健康的狗載走，拿牠們當種狗，照樣繼續做生意賺錢。

台灣非法的繁殖場與寵物業者多如牛毛，是政府長久管理失當造成的，這家寵物店不過是90％以上沒登記的其中一家。

不過責任不是只有政府，台灣人愛買狗，也是不法繁殖業者與狗販的幫兇。這個事件應該讓愛狗的人感到警惕；愛狗可以領養，但不要買，只要有買賣就有傷害。

在買賣猖獗的情況下，種狗被當成生財的工具、被迫不斷地生育，生到不能生以後，許多狗都被遺棄。如果你在街頭看到名種犬在流浪，有著長到幾乎拖地的乳房，那乾乾癟癟的乳房，是在告訴我們：牠這一輩子不斷不斷地在生小狗，只是牠老了，不能生了，就被拋棄！而政府好像都沒看到，幾乎從不主動查緝這些不法的繁殖場，只是任由種狗到處被遺棄，然後再來怪民眾不守法，彷彿這一切虐待生靈的罪孽，和繁殖業者無關。

在此事件後，希望大家看到寵物店櫥窗中的狗狗時，能想一下牠的身價是犧牲了多少種狗的健康與自由換來的。

（原刊載於2006年6月11日《中國時報》）

三峽祖師爺聽豬說話

　　三峽祖師爺有一天聽到神豬說話。

　　神豬喘著氣躺臥在平地，有氣無力地說：「我當神豬，有好東西吃，有冷氣吹……」牠呼吸困難地慢慢吐了口氣，然後深深地吸一口氣，好不容易才接下去說下半句：「冬天冷了，還有……唉呦……」牠扭動身體，短短的腿在地板划了一兩下，看得出來牠想做站起來的嘗試，但是沒有成功，停頓許

久，牠才繼續說：「我的脊椎好痛，心臟也痛，呼吸困難，冬天有暖爐一點也沒用，我最大的希望就是和你們一樣可以站起來……」

眾豬竊笑：「你看你連站都站不起來，整天癱著，就像植物人般地豬，你也太好吃了吧。」

神豬說：「我也不要吃這麼多，是他們可惡的人給我強迫灌食，每天強迫我張嘴，強灌我不要吃的東西，我不吃他們就把我當植物人一樣地灌食，不然我怎麼會這麼過胖。人如果超重，自己會去減肥，而對我們豬，他們人說是要討祖師爺的歡喜，拿我們的體重來比賽。」

眾豬說：「看來很好命，但事實上你的命是最苦的，這種強迫灌食對我們有感覺也頗聰明的豬來說，是身體與心靈的虐待，人真是殘酷無道。人家說『盜亦有道』，難道那些人一點也不懂嗎？」

神豬說：「廟裡的人不是在電視上說了嗎？說這是上百年的傳統，我看我們當可憐神豬的命運，還會再因傳統而繼續下去……」深吐一口氣：「媽呀，我好想吐，你們不會知道硬被灌食是什麼滋味的！我寧願他們早點宰了我，我不要再被強迫吃一些我不要吃的東西，吃到連站也站不起來。」

眾豬說：「也不能這麼說，我就知道原住民他們過去也有殺人頭祭祀的傳統，但因為違反善良風俗，他們就不再殺人

了，而且聽說有些地方也有改成拜素豬的情況。所以說，傳統也是可能改的嘛！你不要這麼悲觀，再說動保法有明文規定，飼主對於所管領之動物，應提供適當之食物、飲水及充足之活動空間……並應避免其所飼養之動物遭受不必要之騷擾、虐待或傷害。動保人士有在幫我們說話，再等等……」

神豬說：「希望他們人能真懂得文明，也能守法，不要再比賽神豬了，我受夠了！」

祖師爺搖頭，手掌合十：「罪過！罪過！阿彌陀佛！」

頌讚台灣美人

你知道台灣有美人嗎？

我就認識一群又真又善又美的台灣人，他們散居在鄉村、在城市，在你看得到的任何的小角落。如果你夠留意的話，他們會出現在人們最不注意的時間、地點，默默地重覆做著一件你一點也不會想去做的事。

你甚至可能會反對他們做的這件傻事，可能引起更多的麻煩，脾氣壞的人可能拿棍棒打他們的寶貝，口出惡言地排斥他們、嘲笑他們，甚至恐嚇他們。

他們大多是女性，所做的事，需要很大的耐心、毅力與勇氣，常人根本不會想去做。

經常，他們也遭人訕笑，但他們仍日復一日、年復一年地做著這件別人不以為然的事。而且也只有在台灣，你才看得到這世界僅有的珍貴景象。

他們的付出完全不求回報，甚至於比母親對子女還要沒有私心。

他們的付出也得不到社會正面的評價，常常還被誤解為是製造問題的人。

而真正製造問題的人，在我們的社會卻不會遭受責罰，樂得一身輕鬆，並也跟著旁人叫罵。

他們是台灣唯一一群道德未麻痺的人。

他們的良知清明，他們默默無聲，躲躲藏藏，提心吊膽地照顧著一群人們不屑一顧的棄養動物。

他們是一群真正實踐良知的美人。

他們只是不要良知被埋沒了。

他們不懂得太多大道理，也不會與人爭權奪利，他們默默地做，盡他們的心，做他們認為應該做的事。

他們更是勇敢的人，不論颱風下雨，他們都必須出門照顧街頭的寶貝。

不是為了錢而每天辛勞付出，不求回報的人，我們稱之為母親。

是的，他們是母親，他們對沒有血緣關係的生命付出母親的愛與關懷。他們是台灣珍貴的慈光與榮耀。

他們有的年輕，有的中年，有的年老，唯一一樣的是他們都很樸直，沒有漂亮的打扮。為了接近他們的寶貝方便，他們也常在大熱天穿著雨衣褲，踩著悶熱的雨靴照顧街頭的寶貝。

他們滿臉風霜的刮痕透露著慈光。是的，他們是台灣唯一值得驕傲的珍寶。

買狗課稅，杜絕流浪動物

　　一個美好的生命，自己選擇了終點。她再也不需要決定毛小孩生命的。終點了，因為她受夠了。

　　桃園新屋公立動物收容所園長簡稚澄的輕生，讓動保人士難過不捨。在此，我們無法不思考，是怎樣的制度，怎樣的社會，讓充滿愛心與工作熱情的園長，無法再面對自己的生命。

　　她走了，她用安樂死的用藥「安樂死」自己，結束自己，

像是對世人沉默的抗議。面對毛小孩安樂死的必然，讓她再也無法逃避如同屠夫的良心譴責，她選擇不殺；而不殺，解決不了問題。所以而剩下來，就是我們的事了。

2015年「動保法」修法，希望台灣以後可以零安樂死，很多縣市搶先做，用零安樂死展現自己人道關懷的慈悲。零安樂死的目標是在公立動物收容所不能做沒有病痛下的人道安樂死，那流浪動物出了公立收容所呢？把不能送養、抓來的流浪動物全部送去私人收容所，增加私人收容所的負擔；或把人工死的寫成病死的，這種把責任丟給私人收容所或好心的愛心人士以及玩文字遊戲的造假作業，都是可想而知的結果。

不過，一個政府意識到沒病痛的流浪動物不該被人工處死，總是觀念上的進步。但是對於非法繁殖、買賣隻字不提，也不提宣導如何加強取締棄養，流浪犬隻照樣抓，流浪動物仍會過多，這種假道德的偽善做法，其實讓動保人士更加擔憂。

2014年報告中，台灣人道安樂死的動物超過兩萬五千隻狗，該如何在兩年中遞減消失？在快速實施零安死後，沒有病痛的人工死亡，就會像變魔術一樣地消失了，就這麼簡單嗎？如果可以像魔術一樣消失，那早就不用收養了。以最近2014年公布的資料，狗狗人工安樂死仍高於自然死亡的兩倍，26％的人工處死，13％的自然死，目前台灣收容所死亡率達五分之二是很恐怖，不過，必須死亡的原因是什麼？如何減少買賣與棄

養，獎勵民眾認養措施幾乎沒有被談到，只談零安樂死根本是戴上人道的假面具而已，對於上游造成流浪動物的原因，完全沒有解決。

過去被罵殺狗不人道，現在政府大手一揮，不准殺，所造成的後果一，將會導致私人收容所流浪犬暴增，飼養品質降低。政府的收容所人人可以監督，私人收容所是私人經營，因為還沒有做到透明化，民間監督力道大為減低，飼養品質堪憂。後果二，公立收容所流浪動物也將暴增，民眾以為不殺，所以也就沒有良心譴責的問題，把不能續養的動物交個規費來棄養。以前會自己幫寵物找主人，現在也不必了，政府會想辦法，個人不續養丟給政府，政府養七天之後，空間不足再丟給不被透明監督的私人收容所。過去，個人不續養交給私人收容所，還會有良心義務，每個月給個五百元請人代養。現在規交費、不殺，棄養者樂得無須受良心譴責，把狗給政府就是。後果三，沒有足夠經費處理人工安樂死。病痛畢竟是少數比例，人工處死經費歷年來占大多數，通過這個不殺的法令，殺狗經費會大為減少。若有擴大解釋或造假案例，不可能暴增兩、三倍，經費一少，也可能影響人力及用藥，而讓動物死亡增加痛苦。

台灣流浪動物的產生，是大家無法終養動物的問題。台灣流浪動物預算，每年達到要花上好幾億的預算去處理（一個

台中市預算規模，動輒六千七百萬以上的動保預算經費），這個經費的確是個大家都可以分食的大餅。以台中為例，2014年八千九百多隻的收容，一隻流浪狗的收容要花七千元台幣以上的預算來處理。這還不包括建造收容所及捕抓流浪動物的費用。不管養不養狗，社會上的每個納稅人都要對棄犬行為，負擔昂貴的社會代價。這樣有道理嗎？

德國沒有流浪狗，動物保護經費沒有比台灣少。既然有預算，就會影響資源如何分配。德國社會根本看不到流浪狗，這是因為長年以來，德國有花心血在教育宣導上，有嚴格的重罰條款，惡意棄犬行為重罰將近百萬台幣。

德國的生命教育中，把狗與貓等同伴動物當小孩一般看待，所以在寵物商店裡，看不到賣貓與狗。因為貓狗就是毛孩子，像自己的小孩一樣，這就和我們一般人也不可能到商店去購買小孩一樣的道理。要買或擁有貓、狗必須透過報紙刊登或透過繁殖協會去取得買狗資料。德國的動物收容所有超過90％的認養率，就是教育民眾的成果。繁殖犬隻者，也多會負責任教育飼養狗的人懂得狗性，並會辦活動讓同品種的主人相聚交流。在管理犬隻販賣上，他們的繁殖營業者，多會參加協會，必須相互自律，彼此之間都有聯繫登記，母犬一年只能生一次。繁殖也不能讓母犬一隻生到死，母犬生殖有規範，繁殖協會都會互相有通報擁有的犬隻狀況，讓品種的買賣市場，不會

因為生產得太多，影響市場價格，也相對保障動物福利。

　　曾有台灣動保員來德國參訪動物福利，認為德國動保的經費沒有比台灣少，即使沒有處死狗，動保經費也不會比較低。這項比較其實還要考慮到德國人事是台灣三倍以上。但也讓我驚覺德國花在動保教育的用心。這樣不處死的經費支出，才真正叫動保經費，而非處死動物經費。

　　德國市政府沒有公立收容所，動物遭沒收或棄養動物的去處，就是送到私立開放給大家參與的收容所，私人收容所都是由動保團體經營。德國動物收容所都是當地動保組織所經營，完全開放民眾參訪及監督，每年有開放日，民眾積極參與推動動保工作以及監督當地收容所。一般日的開放時間，可讓民眾帶狗狗去散步，認養前，一定簽契約，狗的健康與行為都要告知。

　　一旦認養出去的狗沒被告知有健康問題，民眾也可以提告。因此，動物收容所的環境衛生也很重要，收容所有健康的狗，民眾認養的意願才可能提高，認養出去的狗必定會有志工追蹤。民間動保人士經營收容所，飼養品質要向政府以及全民負責。

　　台灣狗在收容所病死機率高，狗不健康何來認養？

　　台灣狗在公立收容所的自然死亡率是七分之一，也就是七隻有一隻會在公立收容所病死。這也代表，健康狗被抓進去染

病的機率極高，很多沒病的，被抓進去就無法健康出來。認養人知道收容所染病機率高達五成以上，大家當然寧願花錢買健康狗，根本不可能認養。認養不能強迫，要讓狗狗可以認養，就一定要有健康的狗給人認養，不能讓收容所成為致病的病原區。

買賣同伴動物課徵流浪動物稅捐

　　流浪狗是社會問題，所以才用公款處理。但是製造這麼多流浪狗的社會責任該誰來負擔？在這個流浪動物產生的環節中，販賣寵物的行業不能推卻也是從中獲利的行業。減少繁殖、管制買賣，是管理流浪狗可能產生的最有效來源，也應該被積極面對處理。

　　台灣社會非常鄉愿，把所有處理流浪狗的經費要所有納稅人買單，抽菸者抽菸會增加健保負擔，所以抽取健康稅捐。同理，流浪狗在台灣已經是嚴重也影響公共安全的社會問題，要提高收容所品質及增加認養動機，都需要大量花費。為減少產生流浪犬，就更要向買賣者提醒，透過徵收流浪動物稅捐，讓販賣者與消費者知道，販賣寵物及飼養、棄養動物的潛在社會成本，他們理當要付出代價。

參考資料：

台中動保處的預算第13頁http://www.animal.taichung.gov.tw/public/data/119020/62231032471.pdf（link is external）

（原文刊載於《想想論壇》2016年5月23日，〈毛小孩永遠的好園長——稚澄，我們永遠懷念妳〉）

一隻住在阿爾卑斯山的台灣狗

　　我是一隻台灣狗，作夢也想不到有一天會飛到這遙遠的阿爾卑斯山來！阿爾卑斯山是全世界來德國觀光的人大都會來的地方，我住的這個小鎮有知名的壁畫。

　　我有一點點印象的是，以前曾聽到台灣五年級生的女主人偶而在很三八的情況下，會唱什麼啦啦——啦啦——啦嘟嘟的，唱著一個小姑娘在高山上和她的爺爺及一隻狗狗的故事，

聽她說這是她最愛的卡通；小姑娘叫小蓮，住在好遠好遠的阿爾卑斯山。

　　而讓我想起自己原來是一隻台灣狗的原因是，我竟然在阿爾卑斯山腳的主人店外遇到台灣人！人家說地球很小，我也這麼覺得。這個小鎮常有觀光客是一定的啦，因為本鎮是德國南部阿爾卑斯山腳下的觀光小鎮，全世界來德國的觀光客都會想到這走走，我整天看到來往的觀光客無數，也不會特別去注意哪國人來，現在每天我只關心出門散步，吃主人為我準備的好肉肉，哪裡會想到那段前塵往事。

　　或許是上天的安排吧，讓我與那個年輕的台灣男子相遇，勾起我的回憶。那是個夏天的午後，我正在店門外隨意走走，看到一群黃種人到店裡來買東西。他看到我，本來是有點不悅的，但大概是我太可愛了，他在看東西的時候，也蹲下身伸手要摸我。本來我是很愛人的狗，自從在台灣被像丟破抹布那般地送來送去，經歷了八個家庭的拒絕後，我已不再愛陌生人了。記得那段時間，我常被用短短不到一公尺的鐵鍊鍊在家門外，台灣的主人老愛罵我。好想能自由自在的走走，一直是我當時最大的夢想。忍不住時，看到路人走過，我都會不自覺地求救，嘶吼一番，用全身的力氣往前衝。我總是達不到願望，常換來一頓毒罵，心情不好時，就被喝酒的男主人用棍棒毒打一頓。最後一個不要我的主人，是因為我體型太大，塞不進她

的摩托車的籃子，所以又把我退給在街頭照顧我的阿惠。

　　現在在我面前，長得比我高大好幾倍的年輕人要摸我時，手伸到我頭上，我覺得亂可怕的，不知道伸到我頭上的手是要摸我，還是要像以前的男主人要打我。這時我本能地低吼作聲，警告他不要亂碰我。看到我低聲的警告，我阿爾卑斯山的女主人瑪麗亞一點也不生氣，她告訴那位男子，要他手伸低，讓我聞一聞認識認識就沒事。接著她對他說，我是一隻很乖巧的狗，只是被丟棄很多次，對人感到害怕是自然的事。她順便問他是從哪來？他說他是台灣人，我們那位瑪麗亞小姐就告訴他我的來歷。瑪麗亞說她是在收容所認養我的；收容所的人告訴她，我是被救到德國來的台灣狗，在台灣街頭沒人要，不送來國外，就會被抓到可怕的台灣動物集中營，七天沒人來認養就會被以毒針刺死。我小心翼翼地走過去，很好奇地聞他的褲腳，覺得這個人頗友善的，我就對他搖了搖尾巴。

　　不知道為什麼，這個年輕人一下子激動起來，臉上堆滿笑意，手足舞蹈地比畫起來，看起來他好像非常高興認識我。在他鄉遇到故鄉狗，他的興奮一定不在話下；而我聞到這個年輕人，讓我想到那殺氣騰騰的惡魔島，實在令我膽戰心驚。

我現在的主人住在阿爾卑斯山的山腳下，每天帶我上山散步，我的後花園就是整座的阿爾卑斯山，比起以前在台灣的生活，這裡可以說是狗兒的天堂。

（2006年2月13日）

為口慾殺生，是文明的野蠻

　　在回德國的前夕，與德籍先生一起去看了第一天早場的
《賽德克・巴萊》。先生雖不能懂中文字幕，卻感受到戰爭的
血腥，看到片中的殘屍遍野，他最大的感觸就是，戰爭就是這
個樣子，不論是什麼時空，站在哪一方，不管誰死，死者都是
某個人家的親友。

電影中聽莫那魯道與過世的幻象父親在溪邊合唱，人類大自然的原音，吟唱與誦詠交替，著實有令人動容的力量。潛藏二十多年抵抗日人意念的莫那魯道為出草而興奮地在山上一個人跳舞，內在的興奮由肢體展出，自然而有力道。脫離自然很久的文明人，不知道還懂得這最原始不造作的美嗎？

　　獵人頭如果是野蠻的話，現代人獵捕殘殺鯊魚割下魚鰭，讓鯊魚回大海，血流不止，失去平衡，翻滾難耐，在汪洋的大海中，載浮載沉，無法游泳，求生不得，求死不能，痛苦掙扎到死以前，可能數天，可能數週，這樣叫文明嗎？穿著西裝打領帶的華人，在高級餐廳享受魚翅時，想過這樣的文明值得驕傲嗎？

　　此片要在中國放映，因有獵人頭與砍殺場片，中國要求要再剪接，否則不能放映。正巧美國加州最近正要訂禁止販售魚翅的文明法律，卻被批歧視華人。口慾凌駕文明，而用歧視當藉口來阻擋文明，難道就是華人的文明？

人的病態溺愛與需求製造動物的痛苦

　　人因為喜愛動物，把人自己的喜愛加諸於動物，其實也讓動物尤其是狗受到最嚴重而負面的影響。人因為有對於美的價值喜好，狗因為是人類最貼近的夥伴，所以也深受人的喜愛而被強迫畸形繁殖。

過去的年代，動物必須服務人類，才能取得牠們的食物，比如狗要看門，貓要抓老鼠。而現在工業化以後的社會，狗被飼養來當生活夥伴，人類對牠們的期待不一樣，有些人甚至把牠們當人一樣養，讓牠們上很多課程，不僅基本的馴化課程要去上，為了讓牠會各項技藝，也讓牠們去學跳圈、繞走障礙物，跟狗狗原本生活不相關的課程，填滿狗的生活。讓牠們一刻也閒不下來。與人互動性強的動物，在人的溺愛中，也深受人各種期望的折磨。

畸形繁殖

　　人把動物尤其是狗當成一種擁有物後，也開始物化牠們。人會用開名車來炫耀自己，同樣也藉由動物的名貴彰顯自己的財力。在這種消費誤導的導向中，繁殖名貴的狗，也成了熱門的生意。在德國1986年有了動物保護法，把動物視為人類在世上的共同生存體，動物的福利人有義務負責。1990年定義動物不是一個物品。在這之前，動物是可以被抵押求償的。2002年動物保護法受到憲法基本的保障。

　　「我需要再擁有一隻狗，因為我怕我的憂鬱症再度復發。」卡門是一個失去工作的婦人，她需要生活恢復規律，生活上有工作做。自從她養了狗以後，她自覺生活快樂多了。的確動物帶給寂寞的人許多快樂與提昇生活品質。

德國目前有超過八百二十萬隻貓，五百四十萬隻狗，五百萬隻小型哺乳動物。

一萬五千年來狗被人馴養。狗的群居行為，正好把人給當成牠們所屬的夥伴，所以狗狗也很害怕與飼養牠們的人分離太久。貓與人生活的年代也有一萬年，貓雖為人所飼養，但是牠們仍保有牠們的自主性。貓的自然行為中，就是獨居動物，所以不會因為與人分開而深感害怕或痛苦。

小型哺乳動物其實是人類熱愛而受虐最深的動物。天竺鼠、小型侏儒兔都變成了小孩的替代絨毛玩具。對牠們來說，人的手從牠們的頭上抓牠們或者是把牠們抓高的動作，其實對牠們來說都是意味著要被捕抓牠們的鳥獸給抓起升空一樣的感受，牠們對被抓的感覺就像面臨要死亡般地的害怕。

病態純種繁殖

狗狗與人類的夥伴關係，帶來牠們不必野生的安全生活，但是為人所喜好與利用的結果，也讓牠們的繁殖不能透過天然的基本定律擇選而生存，而是隨著人類喜好的外型與需要而被繁殖。每隻被繁殖的純種狗，其實都失去了天擇的自然選擇條件，長年以來被繁殖成各種各樣的外型，其實都是為了要討好人類，對狗本身來說，有時是非常變態的繁殖。

一隻短鼻的西施或北京狗，看起來很可愛，可是牠們常常

有呼吸的問題，也容易有氣喘。若是天然的篩選，短鼻狗其實不會那麼多，可是為了人的喜好，讓牠們痛苦的呼吸，不是人類購買時會考慮的。有需要就有買賣，消費買賣就會促進繁殖的人多去生產這樣短鼻的狗。

另外，臘腸犬也是深受長長脊椎的疼痛。像牛頭犬這樣的狗，不可能自然生產出來，一定要透過剖腹才可能生產。從動物保護的角度來說，這種變形讓動物痛苦生活的繁殖，其實是應該禁止的。波斯貓的短鼻問題，與西施犬一樣，都要承受呼吸問題一輩子。

現今社會比較少人會虐待動物，但很多因為人的寵愛而讓牠們壓力也增加。人的自私與太多的溺愛讓動物繁殖無法遵照天擇的自然定律，就如同我們可以想像，我們覺得有唐氏症的人很可愛，就再找一個唐氏症的人強迫讓他們再生，而期待他們的下一代就是唐氏症的子代，這種病態的人擇繁殖，已經嚴重影響動物可以健康生活的權益，也注定讓動物痛苦一輩子。

身當母親，疼惜母豬

　　動保團體台灣動物社會研究會，在母親節前揭發母豬被豢養時，違反豬隻生活習性與動物福利的處境，提醒台灣這樣養豬顧及了產業的利益，卻是違反動物習性。

一隻七個月大的母豬，在配種後到生產，四個月都要在柵欄生活，無法轉身，更不能走動。懷孕期間限制活動到一步也不能動，四個月內就是吃、喝、站立與躺臥及排泄，寸步不能移動。而當母豬生產完的哺乳期二十八天更慘，必須被迫倒地哺乳，四腳都必須限制在隔欄中，不能翻轉身體，也不能仰天，僅能側躺。餵奶期，牠們被迫長期維持特定的側躺姿勢，如同像一個塑膠模特豬一樣，幾乎不得移動。一天中，只有幾次的餵食，然後再被迫躺下。牠們身體看似健康，精神卻十分鬱卒，生活在緊迫中。

　　哺乳完經十天的休息後，牠們會再度被帶進柵欄配種，等待分娩。三年七胎下來，牠們短短生命中，只有一年兩次各十天的移步與轉身活動的可能。牠的使命被定義為人類的經濟活動，所以牠即使有生命，有感受也不能被覺察到。

　　被迫癱瘓的滋味，任何有一點良知的人都會覺得不忍。人們只看到衛生與經濟產能，卻忘了牠也是有與你我一樣有感受的動物，牠同樣也能感受被限制活動的痛苦。人的盼望是，牠只要不生病，就是產值，而牠需要的活動需求，卻幾乎完全不被考慮。

　　飼養豬隻的人，大多會說，把牠們群養起來，牠們會互鬥，甚至傷亡嚴重。母豬之間的社會階層確實是由彼此間的打鬥而產生，推擠、咬耳朵、脖子是豬打架常用的方式。飼養者

　借鏡德國：毛小孩的神祕力量──從歐美動物輔助治療看台灣動物福利

為了擔心牠們的傷亡而有所損失，所以限制其活動。但是，不快樂的豬，生活緊迫的豬，也不會是人道的消費者樂見的肉品。所以，現代有許多人意識到此問題，而吃環保素，就是要拒絕吃食殘忍飼養下的動物肉品。

經濟動物是人類的歸類分法，不代表牠就是沒有感受的塑膠製物。因為擔心母豬們互鬥而有所損失，擔心母豬移動而壓死乳豬，所以就要限制牠可以有移動、步行、轉身的可能。母豬是人類的生產工具，其實這很像過去女人一樣，嫁了人就是要為夫家生孩子的情形一樣。人只要顧及衛生，豬需要的空間與生活習性，已經不在商業考量範圍了。

豬是豬農的身家財產，保護其舒適與健康，是自然的道理。飼養上如果為其生活習性而增加活動空間，對豬農來說，有增加成本及管理的困難問題。

消費者的自主消費意識，其實可以影響市場的供應取向。目前的有機蔬果就是這樣來的。

有機市場其實可以再擴大開發產業。除了有機蔬果外，也提供了人道飼養的雞所生的蛋。目前台灣也漸漸接受人道飼養雞所生的蛋，未來豬牛肉的供應，可以因人道飼養的消費意識提高，讓豬農可以更符合母豬的習性來飼養。這也讓消費者可以消費得更人道與安心。

做出確實的產品認證，把價格區隔出來，是現代有動保

意識的消費者，希望業界也可以做到的事。注重動保，不是叫人都吃素。如果可以多注重人道，也是為自己積功德，即使是動保團體，也沒有人一定要把動物保護無限上綱，一般非動保人，也無需非站在動保的對立面不可。

（原刊載於《民報》2017年5月14日）

被施捨的「友善狗公車」

　　動物保護法自從在民國87年立法以來，已通過將近二十年。狗狗因為有棄養問題，造成公共危險，所以政府要求要打晶片登記，收取費用，避免棄養。前一陣子台灣更立法通過嚴懲吃狗肉與虐待動物，原因也是狗是同伴動物，法律位階與一般動物不一樣。

在這樣的觀念下，台北市政府為了要建立友善狗的環境，特別試辦了可以帶狗的公車專線。原意是方便有狗狗的飼主，可以帶狗搭公車去散步；立意良好，但是試辦期間，幾乎沒有人帶狗搭車。原因為何？在報載中，很清楚地提到，試辦的公車路線，只能逢例假日，又必須等特定僅有的兩條路線，並要找到確定的開車時間的特定三班車時間。這樣的試辦，叫做友善帶狗的公車？荒謬至極。

　　德國因為沒有流浪狗問題，所以在國內的狗，並沒有被強制要求須打晶片。出國為了歐盟的辨識，才要求狗主需要為狗打晶片，但是狗主每年都必須繳狗稅。在德國，狗沒有不能搭公車的問題。狗跟著主人，被牽著繩，就可以上任何公車。有些城市，狗上公車不收費，可跟著主人搭車，無論狗的體型大小；有些城市則會明定狗的優惠票價。

　　在德國，即使搭火車，人們也都可以牽繩帶狗上火車，只是要買狗的車票。德國鐵路局規定，如果是裝在寵物箱，則無須繳費。因此有些狗會被裝在運輸籠運輸，因為這樣搭火車免費。不過，也有許多人願意為狗付費搭火車。

　　看到台北市的友善公車試辦，無人問津，可想而知。在台北市府同仁的規劃中，同伴動物與人可以同伴的時間，就是只有例假日特定兩種路線的三段特定時間。同伴動物的同伴是陪伴的夥伴，實在讓人不懂，台北市這樣多的限制，誰會有興趣

去看等假日某特定兩條路線的三班公車,如果不小心搭上別輛非特定的公車,還要被尊嚴掃地請下車,市民就像做錯什麼事一樣。這樣其實是凌虐台北市狗主人的自尊心。

　　既然要試辦,為何不先就假日全天全部路線全開放來辦?讓大眾慢慢適應有動物的公車。友善的環境應該被建立,而不是被施捨!

國家圖書館出版品預行編目資料

借鏡德國：毛小孩的神祕力量──從歐美動物輔
助治療看台灣動物福利／劉威良著. --初版.--台
中市：白象文化，2017.9
　　面：　公分.
ISBN 978-986-358-532-9（平裝）
1.醫療　2.教育　3.動物保育
548.38　　　　　　　　　　106012003

借鏡德國：
毛小孩的神祕力量──從歐美動物輔助治療看台灣動物福利

作　　　者　劉威良
繪　　　圖　米奇鰻
校　　　對　劉威良、吳適意
專案主編　吳適意
出版經紀　徐錦淳、林榮威、吳適意、林孟侃、陳逸儒
設計創意　張禮南、何佳諠
經銷推廣　李莉吟、莊博亞、劉育姍、李如玉
營運管理　張輝潭、林金郎、曾千熏、黃姿虹、黃麗穎
發 行 人　張輝潭
出版發行　白象文化事業有限公司
　　　　　402台中市南區美村路二段392號
　　　　　出版、購書專線：（04）2265-2939
　　　　　傳真：（04）2265-1171
印　　　刷　基盛印刷工場
初版一刷　2017年9月
定　　　價　400元

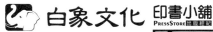

白象文化　印書小舖 PRESSSTORE出版事紀　出版 · 經銷 · 宣傳 · 設計
www.ElephantWhite.com.tw　f 自費出版的領導者　購書 白象文化生活館